Fare startup in Italia

Cos'è una startup? Come si fa ad avviarla? Come farsi venire una buona idea? Come si capisce se è una buona idea? E cosa fare una volta che la si è trovata? Francesco Magro, fondatore di Winelivery – la app con cui si possono ordinare bevande, alcolici e stuzzichini a domicilio e riceverli a casa propria in 30 minuti, alla giusta temperatura – racconta in queste pagine la sua storia per illustrare le lezioni più importanti che ha appreso, ma anche gli errori e gli strumenti che hanno fatto di lui un imprenditore di successo. Magro è convinto che tutti possano trasformare un'idea in business e, soprattutto, che valga la pena di provarci. Per questo ha creato un blog: magropensiero.com. Il suo desiderio è che diventi una community aperta e partecipativa per condividere esperienze e scambiare opinioni.

FARE
STARTUP
IN ITALIA

Francesco Magro

INTRODUZIONE

Sono Francesco Magro, la prima parte della mia vita si è svolta felicemente a Tirano, in Valtellina, e da sempre ho avuto le idee molto confuse su chi volevo essere. O forse è meglio dire che avevo delle idee molto chiare e ambiziose, ma per brevi periodi!

Ogni anno volevo diventare qualcosa di diverso: dai 6 agli 11 anni ho sognato di fare il contadino, il pompiere, il calciatore, il pilota di Formula 1... A 12 ero convinto che la mia strada fosse quella dello sciatore, a 16 quella del ballerino.

Dopo il diploma, ho distrutto i sogni di mia madre, che già mi vedeva ingegnere con un bel posto di lavoro, per fare l'animatore turistico e partire per il Messico; poco dopo me ne sono pentito, mi sono trasferito a Milano e ho deciso di iniziare a studiare part-time Organizzazione e Risorse umane in Bocconi.

A quei tempi le cose che più mi importavano erano il ballo latinoamericano, fare il vocalist in discoteca e condurre il mio programma radiofonico in una piccola emittente locale della provincia di Sondrio.

Nel 2012 mi sono laureato e sono entrato in una società di consulenza: da quel momento basta ballare, volevo fare il manager.

Ho avuto moltissime vocazioni e per coltivare ciascuna di esse ci ho messo tutto me stesso.

Oggi ho 33 anni, vivo a Milano e sono il CEO e fondatore di Winelivery – L'App per bere! Nel mio tempo libero... Ah, no, scusate: il tempo libero è solo un ricordo!

Oggi mi presento a voi per ricordarvi che dietro ogni possibile startupper c'è una persona esattamente come voi: il Francesco di oggi non esisterebbe se non avesse collezionato tutte le esperienze del suo passato.

Perciò fatele, ma se covate il desiderio di seguire un percorso assimilabile al mio, prestatemi orecchio (o meglio occhio)...

Cosa credete che vi aspetti?

Un vademecum delle best practices per diventare imprenditore o forse le memorie di un grande della storia all'epilogo della sua vita? Certo mi auguro non sia la seconda, sicuramente però non è nemmeno la prima.

Quello che voglio è raccontarvi la mia esperienza: i passi falsi e le soddisfazioni infinite che questo percorso mi ha regalato e continua a donarmi.

Voglio raccontarvi cosa ho imparato e cosa sarebbe stato meglio evitare nella speranza di risparmiare a voi il tempo che io invece ho perduto.

Voglio convincervi a diventare imprenditori o a gettare la spugna ancor prima di averla stretta fra le mani?

Assolutamente no. Detto in tutta franchezza, non mi interessa affatto che decisione prenderete e in che direzione punterete la canna della vostra carriera; voglio solo sincerarmi che sappiate cosa state facendo prima di premere il grilletto.

Sarò profondamente felice se qualcuno di voi, leggendo la mia storia, troverà degli spunti interessanti da applicare al proprio percorso. Non ho la presunzione di pensare che questo libro sia un "libro delle verità", sono piuttosto i consigli di un amico che nell'imprenditoria italiana ci è entrato di testa e che, ad oggi, ha ottenuto una discreta fortuna in questo ambiente.

Non vengo da una famiglia di imprenditori, quindi il mondo del business non è stato per me di facile approccio: non avevo conoscenze utili, nessuna indole al commercio o alla negoziazione e nemmeno la malizia di chi sa già come muovere i primi passi per farsi strada nel mondo dell'impresa.

Mi sono laureato all'Università commerciale Luigi Bocconi, ma da neolaureato non avevo il pragmatismo di trasformare in azioni concrete tutte le nozioni economiche apprese sui banchi della facoltà, condizione che non mi avrebbe sicuramente permesso di guidare un'azienda dalle caratteristiche così innovative come la mia Winelivery. Il mio percorso, infatti, è stato ricco di errori, passi falsi e fregature che sono e siamo riusciti a superare anche, probabilmente, grazie a un pizzico di fortuna. Tutti questi errori mi hanno però consentito di diventare quello che sono ora, di comprendere molti concetti sul campo e di sviluppare di rimando competenze e comportamenti che si sono rivelati efficaci nel mondo delle startup digitali in Italia.

Pensate abbia scordato qualcosa?

Ah, chiaro, Winelivery – L'App per bere! Vino, alcolici, ghiaccio, stuzzichini e soft drink consegnati a domicilio in meno di trenta minuti e alla temperatura ideale di consumo. Ordini tramite app, sbatti gli occhi un paio di volte e hai il nostro fattorino attaccato al citofono con il tuo aperitivo fresco in borsa... Figata, no?

E come mi è venuto in mente?

Perché io e i miei soci siamo stati i primi ad averne bisogno: non è forse capitato a tutti che, a metà di una festa in casa fra il disappunto generale, o sul divano con la tipa della serata, e sul più bello... tac, era finito il vino? Questa è la risposta al perché. Da qui in poi vi racconterò il come.

Proverò in queste pagine a darvi una breve infarinatura sul mondo delle startup e dell'imprenditorialità: perdonate se sarò un po' accademico, ma condividere definizioni, conoscere termini specifici e comprenderne il significato è la base del trasferimento della conoscenza.

Nella prima parte vi chiederò spesso di fare dei piccoli esercizi. Questo perché sono convinto che scrivere, razionalizzare e riflettere sui concetti sia un ottimo modo per fissare le nozioni e di conseguenza prendere decisioni più consapevoli.

Nella seconda parte proverò invece a raccontarvi alcune cose che ho imparato nell'esperienza di tutti i giorni e a spiegarvi i trucchi che ho razionalizzato ex post e ancora oggi guidano le mie decisioni imprenditoriali.

E ora, iniziamo!

FARE STARTUP IN ITALIA

CONCETTI DI BASE SULLE STARTUP

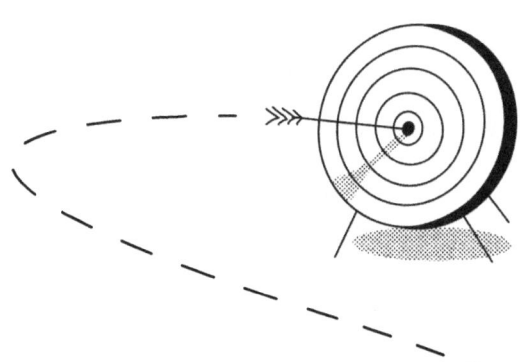

1

Perché essere imprenditore

"Se non sei una persona disposta a correre dei rischi, dovresti startene molto alla larga dal mondo del business."
– Ray Kroc, fondatore di McDonald's

Essere un imprenditore è un sogno di molti, non certo di tutti e sicuramente non per tutti.

Esercizio 1
Prendi carta e penna ed elenca almeno tre motivi per cui vorresti fare l'imprenditore. Ritornerai su questa lista a fine capitolo.

Nel pensiero comune essere imprenditori significa vivere tra gli agi in una villa, passare l'estate su una barca di lusso, spendere soldi in vizi costosi ecc... Parto subito col dirvi che questi non sono imprenditori: sono o i figli degli imprenditori o imprenditori che hanno avuto talmente successo che oggi hanno deciso di godersi la vita. Detto ciò, la maggior parte degli imprenditori che conosco lavorano almeno dodici ore al giorno, spesso anche nel weekend, e di solito non vanno in ferie. Passano la giornata a ossessionarsi sul come migliorare le cose, spesso dimenticandosi di tutto ciò che non è connesso all'azienda.

Gli imprenditori di successo sono appassionati e devoti al loro progetto, nutrono sempre qualche preoccupazione, ma sono felici di poter dedicare tutto il loro tempo a realizzare la loro idea e di conseguenza sé stessi.

Ho provato a esaminare la mia esperienza e a incrociare i risultati del mio esame con quelli degli amici che, come me, hanno rinunciato a una vita da dipendenti e scelto di fare gli imprenditori. Ciò che è emerso è stata la comunanza di sogni e intenti, le motivazioni che ci hanno spinti tutti a "prendere la strada meno battuta". Si possono riassumere in cinque punti.

Le 5 ragioni per scegliere di fare impresa

1. Vogliamo controllare la nostra vita.

A molti di noi gli orari di lavoro, gli ordini e le procedure imposte da altri non piacciono. Personalmente non ho mai sopportato il dover fare qualcosa in un certo modo "perché si fa così", soprattutto quando pensavo, forse con una certa arroganza, che il mio modo fosse migliore! Allo stesso tempo mi sono sempre andati stretti gli orari d'ufficio, mi piaceva lavorare per obiettivi, indipendentemente dal tempo necessario per raggiungerli: in un lavoro da dipendente, soprattutto nel nostro Belpaese, spesso si valorizza più il tempo del risultato.

2. Vogliamo poterci esprimere.

Correlato al punto precedente vi è il concetto di realizzazione personale: per alcuni è molto complesso riuscire a realizzarsi in progetti e attività che non sono l'espressione di sé (ma quella di altri), poiché malgrado lo status e le libertà decisionali raggiunte, nella carriera da dipendente a un certo punto capiterà obbligatoriamente di scontrarsi con la volontà di qualcun altro.

Prima di fare l'imprenditore e di fondare Winelivery, lavoravo in una società di consulenza che mi garantiva moltissima libertà: inventavo progetti e prodotti, decidendo io come realizzarli. Ma arrivava sempre il momento in cui dovevo piegarmi al volere della proprietà. Ci sono state diverse situazioni in cui avrei desiderato investire, anche con contributi minimi, in progetti di sviluppo che, dal mio punto di vista, avrebbero portato a risultati di valore per l'azienda, investimenti che ciclicamente mi sono stati negati, con annessi rimproveri alla mia "defocalizzazione".

Direi che questo è stato per me uno dei punti essenziali che mi ha fatto scegliere di diventare io l'imprenditore, in modo da decidere autonomamente dove investire il mio tempo e le mie risorse.

3. Cerchiamo le novità e amiamo imparare.

Fare l'imprenditore significa spesso buttarsi in progetti di cui ancora non si conoscono costanti e variabili: una vera avventura nell'ignoto. Per poter affrontare questa dimensione è necessario essere disposti a mettersi completamente in gioco e in discussione: analizzando, studiando, distruggendo e ricostruendo la propria realtà in maniera continua.

L'amore per l'incertezza e la ricerca incessante delle novità è certamente un tratto comune a molti imprenditori: si dice infatti che questi siano affetti da "neofilia": nessuna patologia grave, solo una condizione psicologica caratterizzata dalla costante ricerca del nuovo, per sfuggire alla noia e alla staticità, che li porta a prendere decisioni importanti in tempi brevissimi, spesso sulla base di informazioni incomplete. È fondamentale, infatti, tenere ben presente quest'ultimo passaggio. Se amate considerare tutte le variabili e sentirvi sicuri al cento per cento prima di prendere una decisione o fare un passo avanti, difficilmente avrete una grande fortuna come imprenditore. Spesso si dice che chi fa impresa deve decidere di pancia, avere intuizione o essere un visionario; dal mio punto di vista, ciò significa essere capaci di assumersi dei rischi, accontentarsi spesso di analisi superficiali e riuscire a convivere in maniera costante con una situazione di incertezza generale.

4. Vogliamo lasciare il segno.

Molti imprenditori sono animati dall'idea di creare un prodotto o un servizio che possa lasciare il segno rendendo il mondo un posto migliore. Questa aspirazione è sicuramente tipica dei millennial che fanno startup ed è anche un mio retropensiero.

Attenzione: non è filantropia, ma un bisogno che nasce dall'insoddisfazione che attanaglia chi si sente messo da parte, ai margini o sullo sfondo di una grande organizzazione. Voler essere protagonisti è sicuramente uno dei motivi per iniziare un'avventura imprenditoriale e, come vedremo, questa caratteristica sarà un prezioso alleato nei tempi più duri.

5. Vogliamo fare tanti soldi.

Una delle ragioni prevalenti per cui si sceglie di mettersi in proprio e di avviare un'attività imprenditoriale è la possibilità di guadagnare di più rispetto a quanto si potrebbe guadagnare con un lavoro da dipendente. Questa è sicuramente una motivazione molto inflazionata, ma, per esperienza personale, non è sicuramente la più importante e nemmeno la più stimolante nel percorso di un imprenditore.

I cinque motivi che ho elencato non costituiscono di certo una lista esaustiva, ma, se chiederete a qualcuno che tale scelta l'ha fatta, vedrete che si ritroverà senz'altro in almeno un paio di punti. In generale, se vi siete in toto o in parte riconosciuti in questo elenco siete già sulla buona strada. Ma attenzione: questi sono solo i motivi per cui le persone decidono di fare impresa, non hanno, invece, nulla a che vedere con i fattori che possono determinare il successo di un imprenditore. Infatti, purtroppo o per fortuna, avere le giuste motivazioni non è un indicatore del futuro successo: ogni giorno imprenditori motivati falliscono e altri, al contrario, si realizzano.

Ci sono decine di studi che hanno provato a individuare

ed analizzare quali siano i fattori che distinguono un imprenditore che riesce ad affermarsi da uno che non ce la fa. Traits of Successful Entrepreneurs, un lavoro di H.R. Singh e H. Rahman pubblicato nella rivista "International Journal of Scientific Research", li riassume bene. Proverò a sintetizzarli e a darne la mia personalissima interpretazione.

Le 5 caratteristiche degli imprenditori di successo

1. Sono innovatori.

Sono moderni Galileo Galilei. Siate dunque brillanti e aperti a nuove soluzioni, sperimentate senza i freni della tradizione e della "metodologia comprovata". Sbatterete la testa contro un muro? Può essere. Anche Galileo fu messo in discussione ma fino all'ultimo ripeté "E pur si muove!"... E aveva ragione.

2. Vivono con l'immaginazione nel futuro.

Riescono a vedere un prodotto che ancora non c'è e a pianificare i primi passi per realizzarlo. In sostanza, dovrete quindi essere persone di risultato più che di processo.

3. Hanno una forte propensione al rischio.

Se c'è qualcosa per cui posso mettere una mano sul fuoco è che chi non risica non rosica. Dovete essere persone capaci di tollerare l'incertezza e affrontare il caso. Il vostro baricentro deve essere in voi stessi perché difficilmente le decisioni che prenderete, soprattutto in fase iniziale, potranno essere comprese dalla massa, che spesso vi deriderà e difficilmente vi darà un vero supporto.

4. Sono persone capaci di adattarsi.

Non può essere altrimenti per chi vive nell'incertezza e si assume dei rischi. Dovrete essere persone che si adattano a situazioni scomode, spesso facendo sforzi immani proprio per sopportare le difficoltà e adeguarsi ai cambiamenti. In concreto, significa dedicarsi al limite della devozione al proprio progetto, per scongiurare il rischio di abbandonare tutto davanti alle prime difficoltà. Ebbene sì, dobbiamo continuamente adeguarci, ma questo non basta. Se dovessi indicare quale animale rappresenta bene un buon imprenditore, non avrei dubbi a dire il mulo: è un po' incosciente, si adatta a tutti i tipi di percorso noncurante dei pericoli e va avanti senza fermarsi.

5. Hanno molta tenacia.

Non mollano l'osso. E proprio come il mulo sono resistenti. Per usare un'altra metafora, un imprenditore è molto più simile a un maratoneta che non deve cedere alla fatica della corsa, piuttosto che a un centometrista che deve dare tutto in un breve periodo. Costanza e resistenza, unite alle sopracitate determinazione e dedizione, sono più del cinquanta per cento del lavoro!

21

Esercizio 2
Prova a dare un voto da uno a dieci alle seguenti caratteristiche sulla base di quanto le senti tue.

- *Capacità di innovazione:* __
- *Immaginare il futuro:* __
- *Propensione al rischio:* __
- *Capacità di adattamento:* __
- *Impegno per raggiungere l'obiettivo:* __

Ora riguarda i tuoi voti e rispondi alla seguente domanda: pensi di poter sviluppare le caratteritiche in cui ti sei autoassegnato dei punteggi bassi?

Non è tutto oro quello che luccica

Dopo aver compilato la lista delle più comuni motivazioni alla base della scelta imprenditoriale e dei tratti distintivi dell'imprenditore di successo, credo sia doveroso passare in rassegna anche gli aspetti meno positivi che questo stile di vita porta con sé. Ponderarli e comprenderli a fondo è essenziale per una valutazione dei "se": se si ha la stoffa per avventurarsi nel fantastico mondo dell'imprenditoria italiana, se si è disposti a sopportare tutti gli aspetti negativi che la condizione imprenditoriale porta con sé o se è meglio demordere da subito.

Una delle principali ragioni per cui si sceglie la via imprenditoriale è, come abbiamo detto all'inizio del capitolo, riprendere il controllo della propria vita. Non avere orari, non ricevere ordini, semplicemente decidere ogni giorno da soli qual è la cosa giusta da fare: una figata, no?! Beh, non è proprio così. Fare l'imprenditore significa gestire una moltitudine di soggetti di vario tipo. Ogni giorno dovrete trattare con clienti, fornitori, dipendenti e collaboratori, sarete continuamente esposti alle opportunità e alle problematiche sempre nuove che l'impresa porta con sé: nella pratica questo si traduce in un telefono che squilla in continuazione; nella casella di email che si riempie di centinaia di messaggi in pochi minuti; e in un senso di responsabilità che non ti abbandona nemmeno mentre dormi!

Ci vuole molta autodisciplina per gestire l'*information overload*, cioè il sovraccarico di informazioni, e le sue conseguenze, e spesso la stessa autodisciplina non basta; in molti casi non esiste una via d'uscita e i vostri programmi per la serata saranno rovinati a causa di una questione urgente e improrogabile. Ebbene sì, tutti noi abbiamo in comune un'altra cosa, lo stress. Una sensazione che non ti abbandona praticamente mai e con cui è necessario imparare a convivere.

Oltre al sovraccarico informativo e alle continue emergenze che capiteranno ogni giorno, un altro motivo riccorrente che causerà frustrazione e stress sarà la gestione finanziaria. Nei business plan, soprattutto per noi imprenditori della new economy, spesso non si fa molta differenza tra fatturare e incassare, ma nella vita vera la differenza c'è, eccome. Nel gergo imprenditoriale si dice che le aziende falliscono per la cassa, non per il fatturato. Se non avete mai lavorato nel mondo dell'impresa in passato, sarete stupiti da quanto sia complesso farsi pagare dai propri clienti che giocheranno a "rimpiattino" con voi adducendo continue scuse, sempre credibili, da autentici professionisti del debito. Sarete ancora più stupiti quando vi vedrete obbligati ad adottare voi stessi tale approccio, essendo primi a subirlo, e ritarderete i pagamenti perché non riuscirete a incassare quanto vi è dovuto. In aggiunta al tema dei pagamenti, sempre in ambito finanziario, c'è quello del credito: vi succederà che quando vi servono i soldi, nessuno ve li vorrà dare, mentre quando non ne avrete bisogno ci sarà la fila per farvi credito o offrirvi investimenti.

Tollerare e gestire la parte finanziaria e di recupero crediti è sicuramente un argomento che dovrete affrontare con pazienza, lucidità e raziocinio ma che, se ben presidiato, vi porterà non poche soddisfazioni.

Nella nostra rassegna dei lati non particolarmente positivi del fare impresa, è doveroso elencare la necessità di avere a che fare con una pletora di bugiardi professionisti e ammaliatori capaci di promettere qualsiasi cosa, che busseranno alla vostra porta con l'unico scopo di trarre vantaggio dalla vostra inesperienza.

Ce ne sono diverse tipologie, ma se dovessi indicare quali sono quelli che sopporto meno direi senza dubbio gli *smart-money investors*. Si tratta di personaggi che continueranno ad avvicinarvi in tutte le fasi del vostro percorso imprenditoriale, offrendovi *investimenti* nella vostra società in cambio di equity (percentuali della società). Fin qui sembrerebbe non esserci nulla di male, ma la particolarità di questi soggetti è che l'investimento proposto nella società viene definito in denaro, ma erogato *in servizi*. Per farla breve, gli *smart-money investors* ti chiedono una piccola, se sei fortunato, percentuale della società in cambio di una scrivania e del supporto nella definizione della strategia oppure ti prospettano l'ingresso nel loro importantissimo network o ancora si offrono di accompagnarti da improbabili investitori o fanno altre illusorie promesse. A questo proposito mi permetto di darvi uno spassionato consiglio personale: reputo questi soggetti autentici professionisti della truffa, con il pelo sullo stomaco e denti aguzzi. Non fidatevi mai e cercate sempre il confronto con una terza parte che abbia esperienza e sia completamente disinteressata.

Nel mio caso, ma sono certo che la maggior parte dei professionisti, imprenditori e freelance siano d'accordo con me, un aspetto che porta notevole frustrazione è l'aver a che fare con l'apparato burocratico della nostra fantastica nazione italica.

Trovo semplicemente folle che in questo Paese, per essere a norma e garantire la sopravvivenza della mia azienda, io sia vincolato al supporto di esperti, avvocati e consulenti vari per riuscire prima a comprendere e poi ad attuare nel concreto leggi, ordinanze e regolamenti.

Se volete fare impresa dovrete dedicare tempo e risorse alle complessità e agli ostacoli che vi mette davanti l'apparato burocratico italiano e convivere continuamente con il presentimento, per non dire la certezza che non sarai mai perfettamente in regola in tutti gli aspetti della tua attività.

Da ultimo, fare l'imprenditore significa abituarsi alla presenza costante di alcune preoccupazioni relative alla propria attività, sulle quali non si ha e non si può avere alcun controllo. Ci sono svariati fattori esogeni che possono influenzare il vostro business e modificare totalmente lo scenario circostante, in pochissimo tempo. Qualche esempio?

– *La normativa cambia di colpo*, la tua azienda si ritrova a essere in un batter d'occhio fuori legge. Non crediate che questo sia un caso così remoto, basta pensare ai cannabis light shops che si sono trovati con le serrande abbassate nel 2019 per una direttiva dell'allora ministro dell'Interno oppure a Zego, Heetch e UberPop, che da un momento all'altro, pochi anni fa, hanno dovuto sospendere le attività in Italia.

– *La tecnologia cambia* e le persone iniziano a comprare o consumare in modo diverso. Sapete che il 50% dei giocattoli in Italia viene venduto da Amazon? Non vorrei, infatti, essere nei panni di un giocattolaio. Per quelli della mia generazione, da bambini i negozi di giocattoli erano un paradiso, mentre i bambini di oggi non li hanno praticamente mai visti!

– *Arriva un competitor.* Pensi di essere il leader di una nicchia di mercato, costruita a fatica e, appena inizi a vedere la luce della redditività, arriva un concorrente che ha dieci volte i tuoi soldi da investire. Il resto è facile da prevedere.

Vi sarà ormai chiaro che mettersi in proprio ha aspetti molto positivi e aspetti molto negativi. Non siamo tutti uguali, ma, per capire se la vita imprenditoriale faccia o meno per voi, dovete capire da che parte pende l'ago della bilancia dopo aver fatto un'analisi di costi e benefici relativamente ai vostri obiettivi personali, ai vostri tratti caratteriali, alle vostre attitudini e abitudini.

In sintesi, intraprendere un percorso imprenditoriale potrebbe non essere per tutti.

Esercizio 3

Rileggi le motivazioni che hai scritto nell'esercizio 1, all'inizio del capitolo. Pensi siano sufficienti per affrontare quanto ti ho raccontato?

2
Cos'è una startup

"Una startup è un'azienda o un progetto avviati da un'impresa per cercare di sviluppare in modo efficace e validare un modello di business scalabile."

– N. Robehmed, Forbes

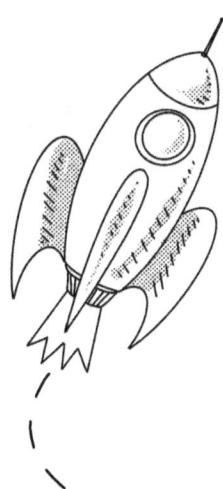

Sulla parola "startup" c'è molta confusione: oggigiorno è un po' come il nero, va bene su tutto. Non tutto ciò che è nuovo o rappresenta l'inizio di impresa, tuttavia, è una startup. Ecco perché, per comprendere appieno i concetti che proverò a trasmettervi in queste pagine, è necessario partire da una definizione condivisa: non l'unica, non la migliore, ma quella che useremo noi e sulla quale saranno basati i nostri ragionamenti.

Per Steve Blank, uno dei massimi esperti internazionali del settore, una startup è:

Una nuova impresa che presenta una forte dose di innovazione e che è configurata per crescere in modo rapido secondo un business model scalabile e ripetibile.

A me la sua definizione piace molto perché individua quattro aspetti fondamentali di questo tipo d'impresa.

Le 4 caratteristiche di una startup secondo Steve Blank

1.   Innovazione.

(Da non confondere con "invenzione" o interpretare in senso stretto come "nuova tecnologia"). Essere innovativi può significare anche solo fare una cosa che già si faceva, ma in un modo nuovo: una startup può essere innovativa per quanto riguarda il modello di business, ma lo è anche quando immette sul mercato prodotti o servizi con caratteristiche differenti da quelli già in commercio.

2. Crescita.

Se mai farete startup, la parola "crescita" vi tormenterà. Se non frequentate già questo mondo, vi stupirà vedere che un'azienda può perdere anche milioni di euro ogni anno, ma se continua a crescere, è comunque ritenuta un'azienda di successo e non smette di raccogliere investimenti. Per una startup svilupparsi velocemente e in maniera esponenziale è un obiettivo, ma anche un dovere: se così non fosse, comincerebbe a non attrarre più investitori e, di conseguenza, avrebbe meno risorse a disposizione per crescere... ergo, non sarebbe più una startup!

3. Scalabilità.

È un concetto vicino e correlato a quello di crescita. Significa riuscire ad aumentare le dimensioni della startup – e quindi clienti e volume d'affari – in modo più che proporzionale rispetto alle risorse impiegate. Un modello di business è scalabile se, ad esempio, investendo 1 ottengo 2, ma una volta validato, se investo 10 ottengo 100.

4. Replicabilità.

Significa poter riproporre il medesimo modello di business su mercati differenti, senza dover modificare in maniera radicale il modo in cui l'azienda funziona e produce ricavi.

Per tradurre nella pratica la definizione di Blank, prendiamo un esempio concreto. Immagino che tutti voi sappiate cosa fa Deliveroo: consegna a domicilio il cibo dei ristoranti. Proviamo ora ad analizzare il suo modello di business per capire se aderisce in qualche maniera alla definizione di startup (cosa che oramai non è più, fortuna sua!).

Il modello di Deliveroo è *innovativo* perché ha inventato un nuovo modo di portare i ristoranti nelle case, vendendo le loro pietanze attraverso una app e utilizzando una logistica proprietaria.

È sicuramente caratterizzato da una *crescita* importante che gli ha permesso di passare da un giro d'affari di qualche migliaio di sterline nel suo primo anno di attività, il 2013, a 476 milioni di sterline nel 2018.

Possiamo sicuramente definire questa azienda *scalabile*, in quanto con i medesimi asset, ristoranti e tecnologia, è possibile servire una moltitudine di clienti, andando ad agire unicamente su un costo variabile (o variabilizzato) quali sono i fattorini. È altresì un modello di business facilmente *replicabile*: è nato a Londra, in Gran Bretagna, è stato esportato in molte altre nazioni e qui replicato in *n* città. Tutto ciò, tra l'altro, con pochissimi adattamenti alle culture dei vari Paesi e senza effettuare modifiche di rilievo al modello di business in sé.

La definizione di Steve Blank non è sicuramente l'unica, ma sono certo che la maggior parte degli operatori di questo settore, concorderanno con me sui quattro elementi principali che la compongono.

Il modello di business della startup

Quando si parla della definizione di startup un altro caposaldo del discorso riguarda il modello di business aziendale che, tendenzialmente, non è ancora stato validato.

Cosa significa che un modello di business non è stato ancora validato?

Semplicemente che il modello di funzionamento dell'azienda sembra efficace, ma non essendo mai stato testato, il rischio che il mercato non recepisca la startup allo stesso modo in cui il fondatore e i suoi investitori vorrebbero è più che palpabile. Attenzione però: spesso il problema non è la startup in sé. Può succedere, ad esempio, che non sia il momento giusto: il mercato potrebbe non essere ancora pronto per quella specifica innovazione. Conoscete Friendster? Friendster era un social network nato in California nel 2002. Troppo presto: le persone non erano ancora pronte a mettere le proprie vite online. Questo ci dice che non è necessario essere i primi a fare qualcosa, ma è indispensabile farlo al momento giusto. Per riprendere il nostro esempio, Facebook ne è una lapalissiana dimostrazione.

Il grafico seguente (fig. 1) illustra la differenza sostanziale tra una startup e un'azienda appena nata di tipo tradizionale.

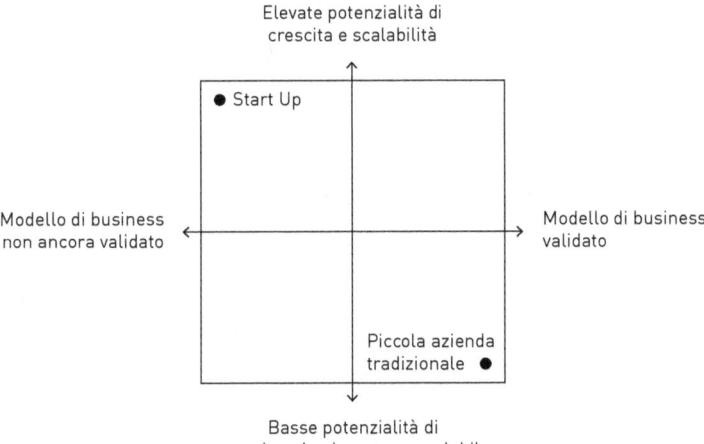

Elevate potenzialità di
crescita e scalabilità

● Start Up

Modello di business ← → Modello di business
non ancora validato validato

Piccola azienda
tradizionale ●

Basse potenzialità di
crescita e business non scalabile

Fig. 1. Il modello di business di una startup e di un'impresa tradizionale a confronto. Sugli assi abbiamo rispettivamente *il potenziale di crescita* e lo stadio di *validazione del modello di business.* Dal momento che rappresentano le due tipologie di impresa, si troveranno agli antipodi della matrice.

31

Il ciclo di vita di una startup

Ora che sappiamo cos'è una startup e abbiamo visto il suo modello di business è importante comprendere anche cosa ci si aspetta da un'impresa di questo tipo. La parola "startup" ha già in sé il senso stretto dell'iniziare e del mettersi in moto. Ecco perché è perfetta per indicare la fase d'avvio della vita di un'azienda, quella più critica e affascinante. Il grafico seguente (fig. 2) mostra cosa ci si attende da una startup in termini di ricavi.

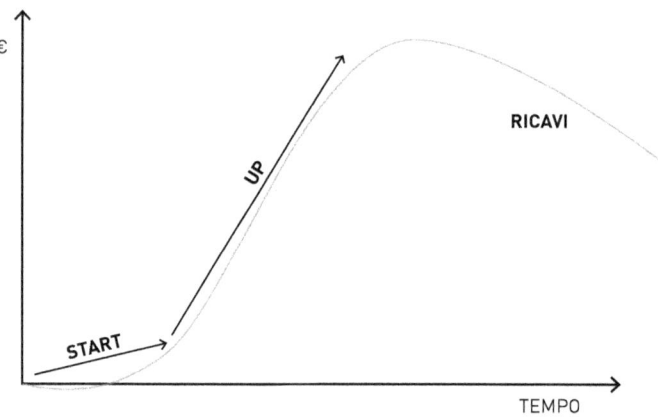

Fig. 2. L'andamento dei ricavi di una startup.

Nella fase in cui il modello viene validato, la curva dei ricavi è pressoché piatta (fase di "start"); successivamente, una volta trovato il *market-fit*, ossia la modalità corretta e funzionante per andare sul mercato con un prodotto che piace ai consumatori, la curva si impenna velocemente dando luogo a un aumento esponenziale dei ricavi (fase di "up").

Vi parlo del ciclo di vita tipico di una startup perché, oltre a essere una nozione teorica interessante, averlo ben chiaro in testa, può essere una autentica guida nel proprio cammino imprenditoriale. Infatti, questo grafico ci aiuta a prevedere cosa ci succederà, in quale fase ci troviamo oggi e com'è il nostro andamento rispetto a quello atteso. Ovviamente, non tutte le startup avranno una curva identica (sono molti i fattori che ne determinano la forma), ma se abbiamo intenzione di intraprendere questo mestiere, dobbiamo tendere a un andamento come quello mostrato in figura 2.

Ora completiamo il grafico della figura 2 aggiungendo ulteriori elementi (fig. 3). Vediamo così come esistano cinque vere e proprie fasi ricorrenti nel ciclo di vita di una startup. Proverò a descriverle brevemente tutte, ma focalizzaremo la nostra attenzione solo sulle prime due, perché solo della fase di lancio e di scalata posso dire di avere un'esperienza diretta: scrivo questo libro non per insegnare qualcosa a qualcuno, ma solo per raccontarvi la mia esperienza, cosa è andato bene e quali errori ho commesso, al fine di darvi un aiuto per essere più veloci e sbagliare il meno possibile quando intraprenderete il vostro percorso.

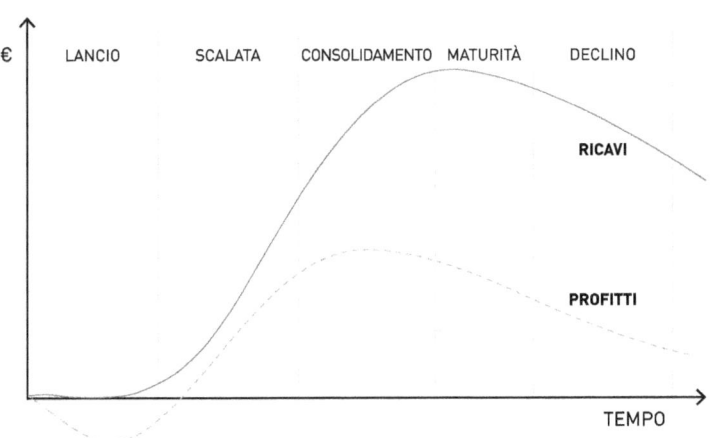

Fig. 3. Curva dei ricavi e dei profitti attesi di una startup divisi nelle fasi tipiche del suo ciclo di vita.

Le 5 fasi di vita di una startup

Fase 1. Lancio.

La prima fase consiste nell'ideazione e nel lancio sul mercato di un prodotto o di un servizio. È sicuramente una delle più delicate e affascinanti del percorso, ma anche quella in cui il rischio di fallimento è più elevato. Basti pensare che oltre il 90% delle startup fallisce entro il primo anno. Proprio perché è rischiosa, spesso questa fase, e in particolare il periodo che va dal *go live* (l'immissione sul mercato della prima versione del prodotto, ancora da testare) al *break even* (il punto di pareggio tra ricavi e costi), viene chiamato la "valle delle morte" (fig. 4).

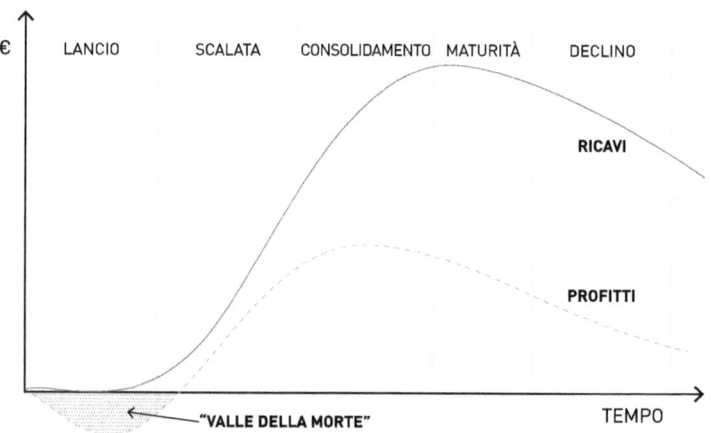

Fig. 4. La valle della morte.

In fase di lancio i fatturati sono bassi e non crescono velocemente. Le aziende si devono focalizzare su un unico obiettivo: raggiungere i potenziali clienti con azioni mirate, raccontando le caratteristiche distintive dei loro prodotti o servizi.

I costi sono elevati, sicuramente più dei ricavi. Eccoci dunque a duellare fin da subito con il nostro acerrimo nemico: la cassa. In fase di lancio è tipico, se non sicuro, ritrovare la propria azienda con un bilancio in perdita.

Fase 2. Scalata.

È forse la fase più bella del ciclo di vita di una startup: le vendite iniziano a crescere rapidamente, come per magia, mentre l'aumento dei costi è meno che proporzionale. Per i fondatori si tratta sicuramente di un periodo complesso, ma è anche caratterizzato da profonda euforia ed eccitazione. È il momento in cui credi che ogni tuo sforzo sia stato ripagato, in cui tutti i pezzi del puzzle sembrano tornare al loro posto. Parlo di questa fase con cognizione di causa poiché è proprio quella che sto attraversando adesso con Winelivery: siamo appena passati da 100.000 euro di fatturato al mese a 1,5 milioni. Come mi sono sentito? Soddisfatto, realizzato, onnipotente.

Sedate subito però questa sensazione e cercate di mantenere i piedi per terra e il raziocinio, altrimenti sarà facile inciampare...

Nella fase di scalata generalmente si raggiunge il break even (in sostanza smettiamo di perdere soldi).

I nostri sforzi dovranno essere diretti a industrializzare l'azienda per contenere i costi e a capire quali variabili possono supportare al meglio la crescita per accelerarla il più possibile.

Fase 3. Consolidamento.

I ricavi continuano ad aumentare, ma a un ritmo ridotto perché siamo vicini alla saturazione del nostro mercato. È bene non arrivare troppo presto a questo stadio. Sarebbe infatti decisamente un problema: significherebbe che l'idea era buona, che l'abbiamo messa in pratica bene (visto che siamo riusciti a crescere velocemente), ma avremmo scelto un mercato troppo piccolo che non ci consentirà di creare un'azienda "rilevante".

È proprio in questo momento che iniziano tra l'altro a entrare in scena i primi concorrenti degni di nota.

Fase 4. Maturità.

Le vendite cominciano lentamente a calare e lo stesso, purtroppo, vale per i profitti. Di solito, in questa fase gli investimenti sono bassi e l'obiettivo dell'imprenditore è tentare di mantenerla più a lungo possibile cercando nel frattempo di rinnovare il business in modo da trovare nuove linee per crescere.

Fase 5. Declino.

Questo è lo stadio in cui tutte le metriche sono in decrescita. Oramai il destino dell'azienda è chiaro: se non si innova il business si finisce per non fare più profitto e, di conseguenza, si va incontro al fallimento. (Questa è la teoria, nella realtà le aziende in genere investono in innovazione proprio per evitare il declino.)

Ora che abbiamo toccato un altro punto di "teoria delle startup", è tempo di affrontare un ultimo aspetto per aiutarvi a capire se questa è la strada giusta per voi.

Cosa significa lavorare in una startup

Quando lavori in una startup ti trovi a prendere decisioni e affrontare questioni per le quali non esistono risposte facili. L'innovazione e la validazione di nuovi modelli implicano la necessità di risolvere di continuo problemi sempre nuovi, per i quali non ci sono un esperto o un manuale da consultare, semplicemente perché quella cosa, così come la stai facendo tu, non l'ha mai fatta nessuno. Per lo stesso motivo, come non ci sono risposte alle domande che sorgono via via, men che meno ci sono procedure o metodologie prestabilite da seguire.

Cosa significa allora lavorare in una startup? Ho riflettuto parecchio su questa domanda confrontando come'è la mia vita ora rispetto a quando facevo il "consulente" nel dipartimento IT di Allianz, una delle più grandi assicurazioni europee.

Le differenze tra lavorare in una grande organizzazione strutturata e lavorare all'interno di una startup, anche a una prima superficiale occhiata, sono molteplici. Io vorrei però soffermarmi solo su alcuni aspetti in cui questi due tipi di realtà aziendale sono agli antipodi.

Come avrete ormai capito, mi piacciono gli schemi e i punti elenco. Anche qui, dunque, ho provato a sintetizzare le principali differenze tra queste realtà organizzative in tre parole chiave: *tempo, cultura e rischio.*

– *Tempo.* Il tempo è un concetto dalle mille sfaccettature, e in questo specifico caso mi riferisco al tempo in relazione alle decisioni. In una startup i tempi sono ridotti e il lavoro dell'imprenditore e delle persone a lui vicine consiste nel prendere tante decisioni importanti, anche di natura strategica, in modo rapido, giorno per giorno, anche all'ultimo momento.

La piccola dimensione della nostra impresa e l'obiettivo di soddisfare al meglio il mercato e affinare il proprio livello di business, ci portano a cambiare in continuazione e di conseguenza a prendere decisioni nel quotidiano. In un'azienda consolidata o in una corporation, al contrario, la complessità e l'enorme dimensione dell'organizzazione e la necessità di coinvolgere in una decisione importante centinaia o migliaia di persone fa sì che i processi di cambiamento siano lunghi e ben ponderati. Nelle grandi aziende le decisioni importanti di norma vengono prese due o tre volte l'anno.

– *Cultura.* È tipico delle startup e delle piccole organizzazioni il fatto che le persone siano valutate e premiate per la loro abilità nel risolvere problemi e prendere decisioni. I profili che reggono meglio un ambiente caratterizzato da una continua incertezza sono quelli che hanno tra le loro caratteristiche fattori quali la flessibilità, la creatività e la proattività nel venire a capo delle situazioni complicate che si presentano ogni giorno. Nelle grandi aziende i lavoratori sono misurati principalmente attraverso indicatori standard di prestazione (i cosiddetti Key Performance Indicators, KPI) di tipo qualitativo o quantitativo. In sostanza, nelle startup la nostra capacità di adattamento verrà sicuramente premiata.

– *Rischio.* Una delle grandi differenze nelle due tipologie aziendali oggetto del nostro esame sta nelle procedure che, nelle startup, sono nella stragrande maggioranza dei casi assenti e in alcuni in divenire, mentre nelle corporation sono alla base dell'organizzazione e sono state create per permettere a una moltitudine di persone di andare nella stessa direzione. In questo contesto il rischio deve essere minimizzato e la libertà decisionale degli individui limitata: per fare qualcosa fuori dai processi formali dell'azienda bisogna chiedere il permesso. Affinché una piccola organizzazione innovativa abbia

successo è invece importante o forse addirittura fondamentale accollarsi dei rischi e spesso uscire dagli schemi. Come si dice spesso in questo ambiente: nel dubbio
provaci, è meglio poi chiedere scusa piuttosto che chiedere il permesso.

Esercizio 5

*Munisciti di carta e penna, prenditi cinque minuti per rispondere alle
seguenti domande e confronta le tue risposte con quanto scritto in
questo capitolo.*

- *Quali sono le quattro caratteristiche tipiche di una startup?*
- *Cosa significa validare un modello di business?*

3

L'idea

"Le idee sono commodities. La loro esecuzione no."
– Michael Dell, presidente e CEO di Dell

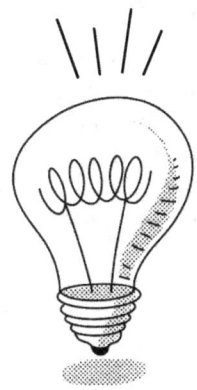

Fare startup, e avere mediamente successo, com'è accaduto a me, implica molta attenzione mediatica. Capita spesso di dover rilasciare interviste a giornali, televisioni o studenti. In tutti questi casi la prima domanda è sempre la stessa: "Come vi è venuta l'idea?". Nell'immaginario collettivo l'idea è l'elemento principale di una startup, ciò che ne determina il successo sul mercato. Io non sono d'accordo.

Avere una buona idea, con le caratteristiche giuste, è sicuramente fondamentale: una startup che si fonda sulla vendita del famoso ghiaccio agli eschimesi difficilmente funzionerà; allo stesso tempo, una buona idea non è per forza un buon indicatore del successo di un'impresa.

Quando abbiamo fondato Winelivery, solo a Milano questa idea era già stata testata decine di volte e da quando l'abbiamo messa sul mercato, nel 2016, sono nate decine di aziende che promettevano di consegnare vino e alcolici a domicilio. Se ci pensate bene, in tutte le città universitarie gli studenti si sono trovati almeno una volta a una festa dove erano finite le bevande. Così, il più proattivo di loro avrà detto: "Non c'è nessuno che ci porta da bere, fondiamo noi una startup che si occupa di Drink Delivery". Nel 90% dei casi queste affermazioni non hanno avuto seguito, ma nel restante 10% effettivamente i ragazzi hanno poi iniziato a lavorare sul progetto. Alcuni l'hanno persino realizzato.

Questi esperimenti (e probabilmente continueranno a nascerne altri) hanno avuto vita molto breve: la maggior parte sono durati qualche mese e qualcuno è riuscito a stare sul mercato anche un paio d'anni.

Vi ho raccontato questo breve aneddoto che riguarda la mia esperienza diretta per farvi vedere come, tendenzialmente, nell'immaginario collettivo le idee siano sopravvalutate: una buona idea è un fondamento necessario al successo ma non è sufficiente per determinarlo.

Ciò che differenzia una startup di successo da una destinata a fallire in breve tempo è il modo in cui l'idea viene messa in pratica. Tutto sta nella capacità dei fondatori di capire cosa sta dicendo il mercato e di reagire in maniera celere adattando il proprio modo di lavorare ai suoi bisogni. Nel gergo startupparo, la capacità di mettere in pratica un'idea viene definita "capacità di esecuzione". Data questa premessa, avere un'idea dalle giuste caratteristiche aumenterà comunque molto le probabilità di scrivere una storia imprenditoriale di successo:

Una buona idea non garantisce il successo, ma una pessima idea garantisce il fallimento.

Se riflettiamo sul fatto che un'azienda è un sistema in cui prodotti o servizi sono forniti in cambio di denaro, salta subito all'occhio che l'oggetto principale dell'attività d'impresa sono i prodotti (o i servizi), vale a dire la realizzazione concreta delle nostre idee.

L'idea, quindi, è ciò che ci guida nel nostro percorso, ciò che dobbiamo realizzare e ciò che ci permetterà di convincere gli investitori a darci fiducia.

Come capisco se è una buona idea?

Non tutte le idee sono uguali, alcune sono meglio di altre. Guardando al mio passato e, al tempo stesso, analizzando cosa è successo agli altri imprenditori del mio settore, ho provato a razionalizzare i fattori che rendono un'idea una buona idea sulla base di tre domande.

1. È facile da copiare?

Molte idee hanno un grande potenziale e possono nascere dopo grandi cambiamenti tecnologici, sociali o economici.

Quando una nuova tecnologia prende piede, è facile trovare nuove idee che fanno leva proprio su questi nuovi fattori abilitanti. Pensate, ad esempio, alla diffusione degli smartphone come iPhone o Android. Ciò che va tenuto in considerazione non è solo quanto l'idea sia attraente, ma anche quanto sia difendibile. Dobbiamo cioè porci la seguente domanda: quanto sarebbe facile per un soggetto con molti più soldi di me e magari qualche mercato già consolidato lanciare un nuovo prodotto o un nuovo servizio e avere più successo? La capacità di rendere un modello di business non replicabile da terzi si definisce attraverso il concetto di *barriere all'ingresso*. Per comprenderlo meglio, prendiamo come esempio Winelivery.

Winelivery ha delle barriere all'ingresso? La risposta è meno semplice di quanto si pensi. Se dovessi rispondere oggi, direi di sì: il numero di persone che identifica la consegna a domicilio di vino e alcolici con il nome Winelivery è elevatissimo, anche grazie agli investimenti pubblicitari che abbiamo effettuato. Winelivery possiede una tecnologia proprietaria costruita solo e unicamente per gestire questo business. Inoltre, essere diffusi in decine di città in Italia e aver raccolto moltissimi investimenti porta un'altra azienda al desistere dall'entrare in un mercato in cui tra il leader, noi, e il secondo c'è così tanta differenza.

Se invece penso alla Winelivery del 2016, devo rispondere che le barriere all'ingresso erano praticamente nulle, perché ci è voluto qualche anno prima che i suddetti fattori diventassero caratteristiche capaci di proteggere l'azienda da potenziali competitor.

Per questo, quando pensiamo alla replicabilità di un'idea, soprattutto se si tratta di prodotti o servizi che difficilmente possono essere difesi tramite strumenti di tutela della proprietà intellettuale, dobbiamo fare lo sforzo di proiettare in avanti noi stessi e l'azienda, e provare a prevedere fattori ed espedienti in grado di proteggere la nostra idea da eventuali competitor emergenti.

2. Esiste un mercato?

Non c'è cosa peggiore di avere una buona idea che non ha un mercato sufficiente per dare luogo a un business profittevole.

Come dice CBInsights, uno degli istituti di ricerca in ambito aziendale più autorevoli del mondo, il 42% delle startup fallisce proprio perché il mercato ritiene che non ci sia nessuna esigenza del prodotto o del servizio che offrono.

Perché succede? Probabilmente perché molte startup entrano nel mercato senza condurre analisi accurate o test preliminari. Quella che i fondatori, e magari le persone a loro vicine valutavano come un'esigenza, nella pratica non lo era. Quando si ha un'idea, è fondamentale verificare nella maniera più ampia possibile che ci sia un mercato pronto ad accoglierla.

Fare delle ricerche di mercato può essere un buon modo. Un'altro – quello che scelsi io nel 2015 – è guardare cosa accade nei mercati più evoluti del nostro, come gli Stati Uniti o la Cina. Generalmente nel vecchio continente l'innovazione arriva dopo, pertanto quando vi viene in mente un'idea è bene utilizzare siti come Crunchbase, il più grande database sulle startup del mondo, per verificare se qualcun altro stia già facendo qualcosa di simile e a che stadio si trova.

Quando in Italia mi dicevano che nessuno avrebbe mai avuto la necessità di acquistare vino e bevande in trenta minuti, mi resi conto che tre aziende fondate dopo il 2013 negli USA, Drizly, Saucey e Minibar Delivery avevano complessivamente raccolto più di 30 milioni di dollari di investimenti, pur essendo ai primi stadi di sviluppo.

Quella scoperta mi sembrò un ottimo modo di validare un modello di business nuovo: se esperti investitori ci credevano tanto da investire decine di milioni senza un fatturato, forse si trattava di un mercato che, pur non essendo evidente, se stimolato nella giusta maniera poteva avere risvolti imprenditoriali interessanti.

Torniamo alla teoria. *Perché non ci dovrebbe essere un mercato?* Ho provato a spremermi le meningi per capire quali possono essere le problematiche relative a questo particolare aspetto, e ho identificato due ragioni principali per cui uno specifico prodotto o servizio potrebbe non avere un mercato:

a. *il mio prodotto o servizio non riesce a colmare nessun bisogno;*

b. *non esiste un mercato per il bisogno che posso colmare con il mio prodotto o servizio.*

I due casi sono simili ma si riferiscono a dinamiche totalmente diverse fra loro. Iniziamo dal primo, il più semplice da trattare. Se il mio prodotto o servizio non riesce a colmare nessun bisogno del mercato, significa che probabilmente il bisogno da me individuato è coperto da altre aziende che propongono soluzioni già consolidate per soddisfarlo. In questo senso, il gap è già colmato da altri, e, a meno che tu non abbia una soluzione che risolva il bisogno molto meglio o a un prezzo significativamente più basso, stai tentando di rispondere a un'esigenza che in realtà non è tale.

Quanto al secondo caso, non esiste un mercato per il bisogno che posso colmare con il mio prodotto o servizio, per comprenderlo al meglio è necessario conoscere quali sono i modi con cui si può soddisfare un bisogno del mercato. Anche qui è più semplice illustrarli utilizzando uno schema in cui vediamo alcuni casi concreti.

b1. Geografia. Non necessariamente per colmare un bisogno occorre essere i primi a farlo. È sufficiente essere i primi a farlo in un determinato contesto geografico. In questo caso, possiamo riprendere proprio l'esempio di Winelivery: non è stata la prima nel mondo a consegnare vino e bevande a domicilio in tempi brevissimi. In USA c'era Drizly, in Cina Bottles XO. Ma in Europa e in Italia non c'era nessuno!

Abbiamo colmato un bisogno agendo unicamente sulla leva territoriale.

b2. Prezzo. Possiamo innovare trovando il modo di colmare un bisogno esistente a un prezzo decisamente più basso. In questo caso, offriamo ai consumatori qualcosa che potrebbero già acquistare, ma probabilmente molti di loro non se lo possono permettere perché costa troppo. Facciamo anche qui un esempio concreto. Immagino che conosciate Ryanair, la compagnia aerea che da metà degli anni Novanta è specializzata in voli low cost. Se ci pensate bene, non ha inventato nulla che già non esistesse in precedenza: in Europa si può prendere un aereo da A a B da decenni. Eppure nessuno aveva ancora considerato di democratizzare l'accesso a questo mezzo di trasporto. Ryanair ha iniziato a offrire viaggi in aereo a prezzi che erano una frazione rispetto a quelli delle altre compagnie rivoluzionando il settore e colmando un bisogno solo grazie a una strategia di prezzo.

b3. Semplificazione. Trovare un modo nuovo più facile ed efficiente per fare qualcosa di specifico è sempre una buona idea. Tutti ormai usiamo i comparatori di servizi, si pensi a Facile.it oppure Skyscanner. Che bisogno hanno colmato? Quello di aiutare le persone a perdere meno tempo per fare alcune cose, ad esempio scegliere l'assicurazione migliore per loro al prezzo più conveniente.

Per riassumere, quello che è necessario fare con la propria idea è offrire qualcosa di diverso al mercato o raggiungere un mercato non ancora coperto.

3. Posso farlo meglio?

Molti prodotti o servizi esistenti, anche di successo, possono essere migliorati radicalmente, soprattutto se sono nati da poco.
Migliorare un prodotto o un servizio è sicuramente

un'ottima idea. Ovviamente, dobbiamo essere convinti e sicuri che gli operatori esistenti abbiano effettivamente dei problemi e che risolverli porti un autentico beneficio al consumatore, tanto da farlo passare alla nostra offerta. Facebook è stato il primo social network a diffondersi? La risposta è: no. Facebook ha portato sul mercato un nuovo social network che ha risolto i problemi di quello che a fine anni 2000 era il leader del settore, ossia MySpace. Proprio il fatto che MySpace avesse molte funzionalità in più, un'esperienza utente complessa e una scarsa capacità di ingaggio tra gli utenti ha portato questo operatore a scomparire dal mercato.

In conclusione, un primo modo per capire se la vostra idea è una sulla quale investire è provare a confrontarla con quanto vi ho esposto sopra rispondendo alle tre domande che ho formulato: se non è facile da copiare, esiste un mercato o migliora qualcosa fatto già da altri potrebbe essere una buona idea!

Come farmi venire una buona idea?

Avrei voluto saperlo prima di iniziare il mio percorso imprenditoriale! Purtroppo per me, invece, molte nozioni che vi trasmetto in queste pagine le ho imparate lavorando o leggendo. Perciò, quello che trovate qui è più una serie di semplici consigli pratici che io applico ancor oggi ogni volta che mi trovo a valutare un'iniziativa.

Come aveva teorizzato Paul Graham nel 2012, una buona idea non può nascere da una persona che si mette a pensare alle buone idee per fare soldi:

Non cercare idee, cerca problemi e possibilmente cerca tra i tuoi.

Infatti, partire dalle idee e non dai problemi produce quelle che Graham ha definito "cattive idee che sembrano abbastanza plausibili da ingannarti e costringerti a lavorare su di esse".
Ne sono un esempio i social network per gli amanti degli animali. A prima occhiata non sembrano una cattiva idea, dopotutto milioni di persone hanno animali domestici che amano e per i quali spendono anche molti soldi. Sono anche convinto che se chiedessimo a qualche cinofilo cosa ne pensa ci direbbe che è una buona idea e che gli piace.
Ma se la analizziamo con attenzione ci rendiamo conto che:

– non necessariamente se a qualcuno piace un prodotto poi lo userà;

– se le persone che intervisteremo diranno: "Io no, ma conosco alcune persone che lo userebbero", probabilmente sarà solo un'idea carina ma non una buona idea perché nelle interviste troveremo solo dei "quasi" utenti (che equivale a zero utenti).

In generale, è fondamentale quando analizziamo un'idea di business assicurarci che esista qualcuno che vuole veramente quel prodotto o quel servizio, qualcuno che sarebbe disposto a pagare anche per una loro versione poco funzionale e abbozzata, ma che, effettivamente, colma un bisogno.
Trovare una buona idea non è semplice. Quello che faccio io, ogni volta che mi imbatto in un problema e mi viene in mente una possibile soluzione, è segnarla nelle Note sul mio iPhone.
Successivamente, con calma, la analizzo cercando di

rispondere a cinque domande. È uno schema che potrete applicare anche voi a ogni idea di business che vi viene in mente, per testarla e verificarne il potenziale prima ancora di iniziare a lavorarci sopra.

5 domande per testare un'idea

1. Qualcuno la desidera davvero con urgenza?

Di solito, se l'esigenza a cui vuoi rispondere è superficiale, allora la tua non è una grande idea e questo vale anche se ha un vasto ambito di applicazione.

Il tuo prodotto o servizio deve essere capace di creare un forte bisogno in almeno un piccolo gruppo di potenziali consumatori, piuttosto che essere semplicemente un desiderio per un grande numero di persone.

Perché meglio pochi, ma buoni? Semplice: perché se fosse qualcosa di cui una moltitudine di persone non può fare a meno probabilmente esisterebbe già!

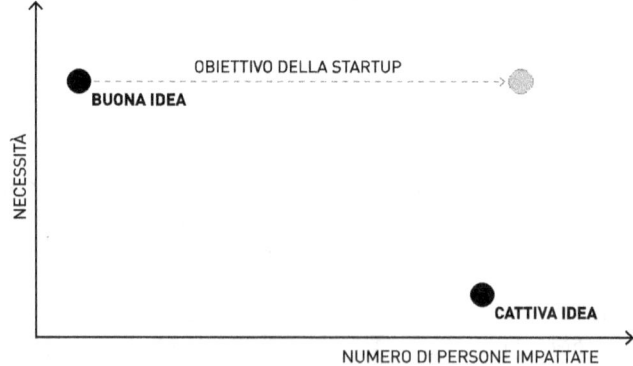

Fig. 5. Come valutare un'idea. Il grafico mostra una buona idea (che risponde a una necessità e risolve un problema, ma non riguarda molte persone), una cattiva idea (che interessa molti ma non risolve un problema), e l'obiettivo della startup.

Prendete per esempio Winelivery. Quando l'abbiamo lanciata, i più non ne vedevano la necessità, ma fin dall'inizio c'era una nicchia di persone che ha cominciato a usarla e ad affezionarsi al nostro servizio. Con il tempo questo numero di persone cresce e crea il mercato dell'azienda.

2. Risolve un problema o semplicemente potrebbe migliorare la situazione?

La mia idea è per un malato un integratore alimentare oppure una medicina? L'esempio che abbiamo fatto prima, quello dei social network per animali è un "integratore alimentare": potrebbe essere interessante, l'idea piace, ma effettivamente non serve a nessuno.

Quello a cui dovete puntare è invece una medicina che risolva un problema reale. In questi anni ho visto diverse startup che hanno fallito proprio perché rispondevano a esigenze che in realtà erano solo desideri.

Nel 2017 mi trovavo a un evento di Boost Heroes e ricordo un ragazzo che presentava il suo progetto in una sessione a cui partecipavano alcuni mentor (coloro che aiutano un fondatore nell'avvio e poi nella gestione della sua impresa). A un certo punto disse: "Noi risolviamo un problema che le persone non sanno di avere". La risposta che ricevette da uno dei mentor mi piacque subito: "Come fai a sapere che hanno questo problema?".

3. È un'aggiunta a qualcosa di esistente?

Se la mia idea è un clone di aziende o startup che già esistono, a cui apporta pochi dettagli non particolarmente rilevanti, incontrerò due principali tipi di problemi e di conseguenza dovrò chiedermi:

– il cambiamento/miglioramento da me proposto è sufficiente per portare i consumatori a scegliere una nuova azienda rispetto a quella da cui si servono oggi? Spesso questo tipo di miglioramenti non sono poi così importanti e legati al core business dell'impresa;

– quanto ci metterebbe un'azienda consolidata a replicare il mio miglioramento? Le organizzazioni strutturate sono solite continuare a sondare i mercati adiacenti, per capire se ci sono innovazioni che potrebbero erodere il loro posizionamento competitivo. Se la vostra idea non è difendibile e funziona, allora la troveranno e la implementeranno. È solo questione di tempo.

Pensate, per esempio, a un'azienda come Uber, ma con il wi-fi disponibile in macchina. È sicuramente un'idea pessima, in quanto il wi-fi non fa la differenza se il modello di business è portare le persone da A a B in breve tempo. Inoltre, quanto potrebbe metterci Uber ad aggiungere al suo servizio questa funzionalità?

4. Ci sono competitor o altre aziende che servono in qualche maniera quel mercato?

"Siamo i primi a fare questa cosa, non esiste nessun tipo di competitor." L'ho sentito dire centinaia di volte e tutte le volte che lo sento mi vengono i brividi. È una frase che contiene un mix letale di arroganza e stupidità. Mi stai dicendo che solo tu nel mondo hai pensato a questa genialità su sette miliardi di persone?

L'assenza totale di concorrenza, quando si pensa a un'idea, porta a due banali considerazioni:

– se non c'è competizione forse non è un mercato potenzialmente redditizio;

– nel 2021, imbattersi in un problema che non sia stato toccato in alcun modo è praticamente impossibile. Cercate meglio: spesso le analisi condotte in maniera superficiale danno risposte sbagliate.

La competizione, in generale, credo sia fondamentale perché ti permette di misurarti e differenziarti nel tuo percorso: non è facile creare qualcosa non paragonabile a nulla.

5. Ho almeno una competenza utile alla mia idea?

È un enorme vantaggio avere le competenze in una o più aree utili allo sviluppo della tua startup. Non parlo necessariamente di competenze settoriali rispetto all'idea, ma anche di competenze generali e trasversali che sicuramente, se già non le possiedi, dovrai sviluppare nel corso della tua esperienza imprenditoriale.

Immaginate per un momento di essere nel 2006 e avere avuto l'idea di creare Facebook. Sareste molto facilitati se, invece che semplicemente dire: "È un'idea fantastica", poteste dire: "È un'idea fantastica, stasera provo a mettere online la prima versione". Avere delle competenze utili, ed essere al tempo stesso un utente potenziale, vi servirà sicuramente ad accelerare il percorso di crescita della vostra startup e ad abbassare il livello di rischio di fallimento.

Ho trovato una buona idea, e ora?

Quando razionalizzai per la prima volta l'idea di Winelivery in un piccolo business plan senza slide la mia più grande preoccupazione era quella di difendere il "mio piccolo tesoro". Attribuivo grande valore a quelle poche pagine e avevo molta paura a fare girare quel documento. Lo mostravo ai miei interlocutori, solo se accettavano di firmare un accordo di riservatezza sulle informazioni che conteneva. Insomma, davo per scontato che fosse una grande idea e chiunque l'avesse vista ne avrebbe capito il potenziale.

Oggi, a distanza di anni, non credo più alla frase: "Non dirlo a nessuno se non vuoi che ti freghino l'idea".

Nelle fasi iniziali del mio percorso, ho trovato molti fondatori di startup che avevano la stessa paura. Di solito cominciavano a parlarmi del fatto che avevano avuto una grande idea e, appena li incalzavo entusiasta, spesso con l'unico obiettivo di capirne di più e dare un piccolo contributo, ammutolivano per poi riportare il discorso a un livello vago e generico.

Interpretavano il mio entusiasmo come una minaccia, si facevano prendere dalla paura che volessi rubare la loro idea e la conversazione terminava.

Nel frattempo ho capito che quando le idee si tengono per sé e non sono condivise con altri in genere non evolvono. Più parli e confronti la tua idea con altri, più ne esplori le sfaccettature e ti avvicini a trasformarla in una realtà. *La condivisione porta crescita.*

Personalmente, ogni volta che mi viene un'idea, la condivido con il maggior numero possibile di persone. Spesso coinvolgo anche chi non è poi così vicino a me, se mi rendo conto che potrebbe avere qualche competenza relativa alla realizzazione del mio progetto.

Ho imparato che il furto di idee non è poi così probabile: la condivisione e lo scambio di idee procurano più benefici che rischi.

Pensateci bene: quante probabilità ci sono che una persona, una volta venuta a conoscenza della tua idea, poi riorganizzi totalmente la sua vita e metta in campo risorse e investimenti per seguire un progetto che non è nemmeno suo? La verità è che le idee sono economiche e richiedono relativamente poco sforzo, ma realizzarle è molto impegnativo e solo pochi, quelli che ci credono veramente e sono disposti a mettersi in gioco, decideranno di dedicarsi a trasformarle in realtà.

L'esecuzione di un'idea è molto costosa in termini di tempo, impegno e denaro e pertanto non dovreste preoccuparvi più di tanto che qualcuno la concretizzi al posto vostro; piuttosto iniziate subito a parlarne e confrontatevi per capire se davvero vale la pena di perseguire il vostro sogno.

Esercizio 6
Prendi un pezzo di carta e riassumi brevemente la tua idea. Ora prova a rispondere alle domande qui sotto in maniera critica e distaccata.

- *Qualcuno la desidera davvero con urgenza?*
- *Risolve un problema o semplicemente potrebbe migliorare la situazione?*
- *È un'aggiunta a qualcosa di esistente?*
- *Ci sono dei competitor o altre aziende che servono in qualche maniera quel mercato?*
- *Ho almeno una competenza utile alla mia idea?*

4
Pianificate la vostra idea

"Non stiamo parlando di idee, stiamo parlando della loro realizzazione."
– *Scott Belsky, cofondatore di Behance*

Abbiamo trovato un'idea che potrebbe funzionare, ci crediamo e vogliamo metterci al lavoro. Da dove iniziare? Nella letteratura classica sull'argomento si parla solitamente di business plan, ossia un documento scritto, spesso lungo decine di pagine, che guida l'azienda nel suo operare. Non metto in dubbio che un documento denso di informazioni possa essere utile, ma vi sono altre strade per ottenere il medesimo risultato attraverso strumenti più flessibili e meno dispendiosi in termini di tempo. Tra questi, per razionalizzare la nostra idea, ne ritengo in particolare molto utili tre:

– il Business model canvas

– l'Elevator pitch

– il Business plan semplificato.

Questi tre strumenti di base, che analizzeremo nel dettaglio, vi permetteranno di comprendere il potenziale e la complessità della vostra idea e vi suggeriranno i primi passi da compiere per trasformarla in realtà. Non credo nell'utilizzo di strumenti complessi e strutturati, come i business plan che si trovano in rete o quelli forniti da banche o istituzioni, perché richiedono moltissimo sforzo e sono pieni di microdettagli: in questa fase il nostro obiettivo non è avere un accurato controllo di gestione, ma semplicemente razionalizzare un'idea, per capirne la validità e ottenere una guida che ci consenta di muovere i primi passi per realizzarla.

Se avrete la fortuna di andare avanti in questo percorso, vedrete come i vostri piani continueranno a cambiare e nuove opportunità faranno sì che la vostra impresa muti costantemente volto; di conseguenza dovrete rifare tutto il lavoro documentale da capo. *Less is more.*

Vediamoli, dunque, questi tre strumenti.

Il Business model canvas

Il Business Model Canvas (BMC) è un modello di analisi, creato da Alexander Osterwalder nel 2004, che consente di rappresentare in maniera schematica come un'azienda crea, distribuisce e cattura valore per i propri clienti.

Ecco perché amo il BMC:

– consente di avere una visione chiara del business in una sola pagina e di focalizzarsi sulle cose importanti, quelle che realmente portano valore;

– si adatta a qualsiasi idea o azienda: dalla riapertura di un ristorante alla realizzazione di un grande progetto industriale;

– è estremamente veloce da compilare. Mi aspetto che non ci mettiate più di trenta minuti per il vostro (una frazione del tempo necessario a compilare un business plan tradizionale). Questo è un enorme vantaggio perché il tempo è la risorsa più scarsa che abbiamo e qualsiasi strumento che ci consenta di risparmiarne va provato.

Partner chiave	Attività chiave	Le value proposition	Relazioni con i clienti	Segmenti di clientela
	Risorse chiave di Airbnb		Canali	
Costi		Linee di ricavo		

Fig. 6. Il Business model canvas.

In particolare, questo strumento consente di scomporre la propria idea in nove variabili differenti, che influenzeranno il nostro business in maniera considerevole. Compilarlo con attenzione ci permetterà di fare un passo avanti nella realizzazione della nostra startup e di renderci conto delle sfide che dovremo affrontare.
Una volta compilato, non vi resterà che chiedervi:

– Quello che ho scritto ha senso?

– Quali sono gli aspetti più importanti che ho individuato e che effettivamente influiscono sul successo della mia idea?

– Quali sono relazioni esistenti tra le varie parti?

Compilare il Business model canvas è molto semplice, ma per scrupolo esaminiamo insieme, uno step alla volta, tutte e nove le sue sezioni e proviamo a riempirle con i valori relativi a un'azienda che noi tutti conosciamo: Airbnb.

Step 1. Segmenti di clientela.

In questa parte dobbiamo creare una lista di "tipologie di clienti a cui rivolgersi". L'importante è riuscire a identificare i clienti tipo in maniera precisa: immaginateli fino a visualizzare come sono vestiti e cosa potrebbero pensare di ciò che gli state offrendo.

Per definirli al meglio partite da questa domanda: *quali sono le tipologie di persone che hanno il problema che sto provando a risolvere?*

Una volta chiarite le idee, scrivete le tipologie di clienti organizzate in categorie (Segmenti) e provate a inserirle nel BMC in ordine di priorità.

Attenzione: se il vostro è un business *multi sided*, ossia che incrocia domanda e offerta (come quello di Airbnb) allora dovrete avere almeno due segmenti di clienti.

I segmenti di clientela di Airbnb

Viaggiatori
- Persone che amano viaggiare
- Persone che vogliono alloggi di buon livello senza spendere troppo

Host
- Persone che possiedono una casa e vorrebbero un reddito extra
- Persone che amano incontrare nuove persone

Step 2. Value proposition.

La value proposition è in pratica la nostra offerta. Pertanto, qui, la domanda da cui partire è: *qual è il valore dei prodotti o servizi offerto per ogni segmento di clientela che ho identificato?*

Questa sezione va riempita inserendo le motivazioni per le quali i diversi segmenti di clienti sceglieranno la vostra soluzione rispetto a quelle esistenti. Potreste trovarne più di una e ciò è sicuramente un fatto positivo. Diventa tuttavia assolutamente necessario se avete inserito molti segmenti di clienti: se così non fosse, e con una sola proposta di valore risolvete i problemi di tutti i segmenti, significa che non erano segmenti sufficientemente differenti tra loro!

Anche in questo caso, una volta realizzata la lista, provate a darle un ordine di priorità; per essere sicuri di aver coperto tutti i bisogni collegate i clienti con le rispettive value proposition che vanno a colmare i loro bisogni.

La value proposition di Airbnb

Viaggiatori

- Possono facilmente prenotare online
- Trovano spazi di qualità a prezzi inferiori rispetto agli hotel

Host

- Possono guadagnare affittando camere o appartamenti
- Possono usufruire di un servizio di assicurazione su eventuali danni
- Possono usufruire di un servizio di fotografie professionali dell'appartamento
- Possono usufruire di un servizio di assistenza 24 ore su 24

Step 3. Canali.

I canali sono i mezzi attraverso cui sarà necessario comunicare la propria value proposition ai segmenti di clientela. In poche parole, sono i modi in cui contatterete i clienti per effettuare la vendita del vostro prodotto o servizio. Includono i canali di contatto, i canali di vendita e, potenzialmente, i canali di postvendita, come il customer service.

I canali sono spesso molteplici e costituiscono lo scheletro della nostra strategia commerciale e di marketing.

Dovrete quindi compilare la sezione con una lista di canali, ovviamente focalizzandovi su quelli importanti.

Anche in questo caso, come abbiamo fatto in precedenza, provate a collegarli ai segmenti di clientela: clienti diversi potrebbero essere raggiunti da canali diversi.

I canali di Airbnb

- Sito web
- App (iOS & Android)

Step 4. Relazione con i clienti.

Entriamo qui nell'essenza del marketing e dobbiamo domandarci: *come interagiamo con i clienti per portarli sui nostri canali e concludere la vendita? Li visiteremo porta a porta? Sfrutteremo le potenzialità del digitale e dei social network?*

In questa sezione, sarà necessario identificare le modalità con cui andrete a interagire con i clienti, al fine di acquisirli la prima volta e successivamente convincerli a tornare sul vostro canale o vendergli prodotti differenti. Dovrete fare mente locale su tutte queste modalità e, una volta compilata la lista, valutare per ognuna di esse se lo sforzo necessario per attivarla sia più basso del valore che ne ricevereste in cambio.

Ad esempio, potreste pensare di acquisire clienti con uno spot televisivo, ma non avere i mezzi, le competenze e le risorse per attivare questa modalità, e il beneficio che ne trarreste sarebbe minore dello sforzo.

Le relazioni con i clienti di Airbnb

- Servizio clienti
- Email
- Telefono
- Social network
- Codici promo

- Sistemi di recensioni
- Piattaforma self-service

Step 5. Linee di ricavo.

Sembra banale parlarne, ma in questi anni, frequentando giovani aspiranti imprenditori, mi sono accorto che non lo è poi così tanto. Se facciamo impresa è perché dobbiamo in qualche maniera guadagnare, di conseguenza è fondamentale avere delle linee di ricavo: la famosa *top line*, la riga superiore del conto economico.

È arrivato il momento di provare a riflettere sul modo in cui attraverso le vostre value proposition, in relazione ai segmenti di clienti identificati, riuscirete a generare dei ricavi.

Nella pratica è utile ragionare utilizzando una frase come la seguente: *detto che ho capito che questo è il bisogno che andrò a colmare per questo tipo di cliente, io guadagnerò in questo modo.*

Avrete quindi una lista di modalità attraverso le quali genererete i flussi di ricavi, che anche in questo caso è importante ordinare per priorità.

Le linee di ricavo possono essere: la semplice vendita di beni, le commissioni, le licenze, la pubblicità, i canoni d'uso, gli abbonamenti.

Le linee di ricavo di Airbnb

- Commissioni sulle prenotazioni per i viaggiatori
- Commissioni sulle prenotazioni per gli host

A questo punto abbiamo completato la parte destra del modello. Ora dovreste avere le idee più chiare su quello che volete offrire al mercato e a quale tipo di cliente. Nei prossimi quattro step ci concentreremo sulla parte relativa all'infrastruttura necessaria per attuare la nostra offerta.

Step 6. Attività chiave.

Ci sono una serie di attività chiave strettamente necessarie per realizzare la nostra value proposition.

Ad esempio, se la vostra azienda ha nella sua value proposition la consegna a domicilio di bevande, necessariamente avere a disposizione dei rider è un'attività chiave che, se non gestita con priorità, non vi permetterà di erogare il servizio.

Soprattutto quando parliamo di aziende di prodotto, queste attività possono essere molto impegnative, perché implicano imparare le tecniche o reperire i giusti macchinari per produrre un tipo di prodotto non ancora presente sul mercato.

Se il vostro business si rivolge a una nicchia professionale, sarà un'attività chiave mantenere competenze superiori alla media per riuscire a offrire ai clienti ciò che cercano e che non riescono a realizzare da soli.

Le attività chiave di Airbnb

- Sviluppare e gestire applicazioni digitali scalabili
- Realizzare e gestire un network di host
- Realizzare e gestire un network di viaggiatori

Step 7. Risorse chiave.

Le risorse chiave sono gli asset strategici della vostra azienda (o futura azienda) che dovete avere al suo interno per eseguire le attività chiave.

Riprendendo l'esempio precedente, in cui l'attività chiave era avere a disposizione dei rider, la risorsa chiave relativa sono proprio i rider.

Le risorse chiave di Airbnb

- Avere una rete di appartamenti diffusa
- Dipendenti con competenze
- Tecnologia abilitante

Step 8. Partner chiave.

Se avete compilato il modello in tutte le sue parti precedenti, avrete ora un'idea di cosa dovete fare e cosa serve per farlo. Provate ora a pensare: *ci sono delle aziende o dei soggetti che potrebbero essermi utili per realizzare la mia value proposition?*

Se, come nel nostro esempio, la risorsa chiave è il rider, un soggetto che fornisce rider alle altre aziende potrebbe essere sicuramente identificato come partner chiave, in quanto contribuirebbe direttamente alla creazione di valore, essendo di supporto a un'attività chiave.

I partner chiave di Airbnb

- Host
- Investitori

- Fotografi
- Processori di pagamento

Step 9. Costi.

Qui arriviamo alle note dolenti: svolgere qualsiasi attività ha un costo. In quest'ultima sezione del modello, il vostro scopo sarà di identificare le voci di costo relative all'esecuzione delle attività chiave ed elencare e capire che tipologia di costi costituiscono: *fissi o variabili?*

I costi di Airbnb

- Sviluppo e mantenimento della tecnologia
- Compensi del personale fisso
- Compensi dei fotografi freelance

Ora che avete un quadro completo e schematico della vostra idea di business è il momento di guardarlo attentamente e chiedervi:

– Ha ancora senso la mia idea?

– Posso migliorarla in qualche modo?

– Il resto del mio team condivide quanto ho scritto?

Se avete risposto a queste domande e le vostre risposte vi hanno soddisfatto, non dovete fare altro che mettervi a lavorare sulle attività chiave, per creare la vostra startup!

Partner chiave	Attività chiave	Le value proposition	Relazioni con i clienti	Segmenti di clientela
• Hosts • Investitori • Fotografi • Processori di pagamento	• Sviluppare e gestire applicazioni digitali scalabili • Realizzare e gestire un network di host • Realizzare e gestire un network di viaggiatori	**Viaggiatori** • Possono facilmente prenotare online • Trovano spazi di qualità a prezzi inferiori rispetto agli hotel	• Sito Web • App (iOS & Android) • Social Network	**Viaggiatori** • Persone che amano viaggiare • Persone che vogliono delle accomodation di buon livello senza spendere troppo
	Risorse chiave di Airbnb	**Hosts** • Possono guadagnare affittando camere o appartamenti • Viene offerto un servizio di assicurazione su eventuali danni • Viene offerto un servizio di fotografie professionali dell'appartamento • Viene offerto un servizio di assistenza 24/24	**Canali**	**Hosts** • Persone che possiedono una casa e vorrebbero un reddito extra • Viene offerto un servizio di assicurazione su eventuali danni
	• Avere una rete di appartamenti diffusa • Dipendenti con competenze • Tecnologia abilitante		• Sito Web • App (iOS & Android)	

Costi	Linee di ricavo
• Sviluppo e mantenimento della tecnologia • Compensi del personale fisso • Compenso dei fotografi freelance	• Commissioni sulle prenotazioni per i viaggiatori • Commissioni sulle prenotazioni per gli host

Fig. 7. Il Business model canvas di Airbnb.

L'Elevator pitch

Ora che ci siamo schiariti le idee, dobbiamo essere sicuri che siano comprensibili anche agli altri.

Lo strumento tipico della startup è l'Elevator pitch, chiamato comunemente pitch: una presentazione accompagnata da non più di venti slide, il cosiddetto pitch deck, che spiega il tuo progetto in cinque minuti, un tempo inferiore alla durata di un viaggio in ascensore (elevator, in inglese significa appunto "ascensore").

L'elevator pitch sarà lo strumento che vi aiuterà a raccogliere capitali quando andrete dagli investitori, ma in questa fase vi sarà molto utile anche come una guida e per confrontarvi con i membri del vostro team.

In cinque anni da startupper, il pitch mi ha accompagnato quotidianamente e si è evoluto in maniera continua insieme all'azienda; è un documento che vi consiglio di rileggere e aggiornare periodicamente in modo che nel tempo possa aiutarvi a non perdere la strada.

Ogni pitch è unico ed efficace in relazione all'imprenditore che lo racconta. Siate certi che sia coerente con voi ed evidenzi i vostri punti di forza e quelli del vostro progetto.

L'esperienza e le presentazioni che ho tenuto in questi anni – e sono centinaia –, mi hanno insegnato che per realizzare un buon pitch, o almeno uno come quello che mi ha permesso di raccogliere quasi 5 milioni di investimenti in Italia per Winelivery, bisogna:

– *Puntare in alto.* Non limitate le vostre ambizioni. Le persone amano i sogni e vogliono investire in qualcosa che abbia un grande potenziale di sviluppo. Essere modesti nel raccontare e illustrare un'idea non aiuterà a destare interesse e a creare la voglia di partecipare al progetto.
Inoltre, un obiettivo molto ambizioso è sicuramente una

buona guida anche per voi come imprenditori: magari non lo raggiungerete mai, ma potrete avere successo anche solo avvicinandovi.

– *Essere chiari*. Quando spiegate qualcosa fate in modo che lo capisca anche vostra nonna. Non tutti gli interlocutori hanno il tuo stesso background e le tue stesse esperienze, non necessariamente comprendono il tuo linguaggio e i tecnicismi. Cercate di esporre tutto nel modo più semplice possibile. Se la vostra idea catturerà l'interesse degli investitori, arriverà sicuramente il momento in cui dovrete scendere nei dettagli tecnici.

– *Raccontare una storia*. Quando spiegate qualcosa, assicuratevi che il discorso fili in maniera logica e naturale. Non saltate di palo in frasca e non date per scontato alcunché.

Prima di ogni presentazione, io preparo un'agenda e poi mi chiedo: con questa agenda rispondo alle 5W del giornalismo (Who, What, Where, When, Why)?
Le 5W, ossia la struttura base di un articolo di giornale, tanto odiate al liceo, oggi si rivelano una guida preziosissima per qualsiasi testo informativo debba redigere (e vi assicuro che sono tanti), allo scopo di rendere chiaro al lettore qualsiasi progetto che richiede di essere illustrato.
Rivedete la vostra presentazione e chiedetevi se chi, cosa, quando, come e perché siano elementi presenti e spiegati con chiarezza.

Vediamo ora **la realizzazione del pitch**. In rete si trovano centinaia di esempi famosi da cui prendere spunto, perciò mi limiterò a fornirvi un modello da seguire, segnalarvi le sezioni che a mio parere non devono mancare e darvi qualche suggerimento per ognuna di esse. Non c'è un numero giusto di slide da realizzare, ma ricordate di non essere prolissi e di raccontare solo ciò che è veramente rilevante. Le persone non riescono a mantenere a lungo l'attenzione e bisogna capitalizzarla al meglio illustrando tutto il valore del progetto.

1. Iniziate dal bisogno.

La prima slide deve riguardare necessariamente il bisogno che andrete a colmare con il vostro prodotto o il problema che vi prefiggete di risolvere con il vostro servizio. In questa parte la chiarezza è fondamentale. L'obiettivo è entrare in empatia con il lettore o l'ascoltatore. Se riuscirete a fargli percepire il bisogno/problema come se fosse suo, siete a metà dell'opera.

Questo è un esempio preso dal pitch di Winelivery:

Immagina di essere appena tornato a casa stanco dal lavoro e desideroso di rilassarti godendoti un bel bicchiere di prosecco, magari in buona compagnia. Apri il frigo ed è vuoto. Sono le nove di sera e i supermercati o l'enoteca di fiducia sono chiusi oppure lontani da casa. In qualsiasi caso, pur uscendo a comprarlo, dovresti ancora raffreddare il vino prima di berlo... A meno che tu non sia disposto ad uscire di casa, non ti resterebbe che rinunciare al tuo bicchiere di prosecco...

2. Presentate la vostra soluzione.

Ora che tutti stanno percependo il bisogno, è il momento di dimostrare che avete la soluzione. Non una soluzione qualsiasi: la migliore soluzione possibile.

Mettete in primo piano i punti di forza del vostro prodotto o servizio e, se potete, dimostrate la vostra tesi con dati o con opinioni di consumatori reali o potenziali.

3. Avete di fronte un grande mercato.

Come abbiamo visto in precedenza parlando dell'idea, perché un business sia attraente deve avere un mercato di riferimento il più ampio possibile. Dimostrate che esistono molte persone con questo bisogno e provate a rappresentare con dei dati la dimensione del mercato. Inutile dire che più grande è, meglio è.

Quando con Winelivery ero ancora agli inizi, nessuno credeva che una app per ordinare vino e alcolici a domicilio con consegna entro trenta minuti potesse essere un vero bisogno e che ci fosse un mercato. Per stimare il mercato potenziale e dimostrare quante persone potessero essere interessate alla mia soluzione, cominciai dal numero di volte in cui le persone consumavano alcolici ogni settimana (istat.it è un ottimo punto di partenza per reperire dati) e lo incrociai con quello dei possessori di uno smartphone. Mi resi conto che c'erano più di 700.000 occasioni di consumo di vino e alcolici a settimana solo a Milano! Ebbene sì, ero in grado di affermare di avere davanti un mercato potenziale immenso.

4. Spiegate come guadagnate.

Rappresentate in maniera semplice e schematica il modello di business del vostro progetto, semplificando eventuali complessità.

Se potete, mostrate una relazione tra quantità venduta e modello di ricavo per illustrare al meglio le potenzialità del progetto, magari riprendendo alcuni dati relativi al mercato potenziale che avete di fronte.

5. Spiegate come raggiungerete i consumatori.

Dimostrate di avere un piano per acquisire i primi consumatori e dimestichezza con gli strumenti che vi serviranno per farvi strada sul mercato.

Avere un piano credibile e strutturato in modo logico, che provi che avete idea di quali saranno le prossime mosse utili a far arrivare il vostro prodotto o servizio nelle mani di sempre più consumatori è essenziale.

6. Date i numeri.

Non è per nulla facile, quando sei veramente all'inizio, ma fornire qualche parametro è sicuramente un grandissimo valore aggiunto.

Dimostrare che sapete destreggiarvi con i numeri e che le azioni che state svolgendo sono misurabili e si stanno rivelando efficaci è importantissimo.

Un esempio su tutti: fate vedere quanto vi è costato acquisire i primi clienti, ovvero il famoso CPA (*cost per acquisition*, il rapporto tra le spese di marketing e i clienti acquisiti).

7. Raccontate dei competitor.

Non dite: "Non ho competitor". Ricordate: nessuna concorrenza spesso significa che non c'è un mercato. Piuttosto, dimostrate come la vostra soluzione risponde meglio delle altre ai problemi dei consumatori, ed evidenziate le differenze.

Nelle slide sulla concorrenza trovo molto utile ricorrere alle matrici: disegnate un rettangolo e mostrate sull'asse x una variabile importante e sull'asse y un'altra variabile. Posizionate la vostra azienda e i competitor nella matrice in modo che siano chiare le differenze. Di seguito, ecco un esempio di come si potrebbe rappresentare, in maniera semplicistica, il panorama competitivo di Airbnb.

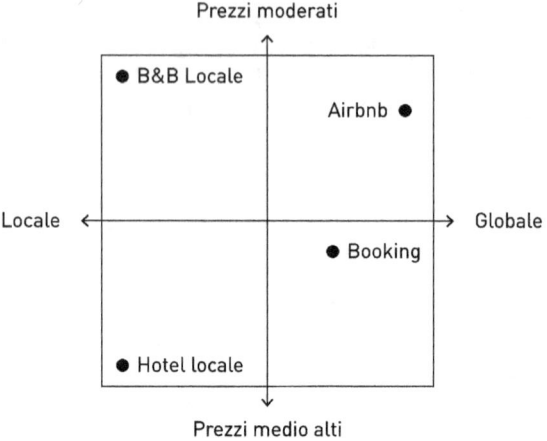

Prezzi moderati

● B&B Locale

Airbnb ●

Locale ← → Globale

● Booking

● Hotel locale

Prezzi medio alti

Fig. 8. Airbnb e i suoi concorrenti.

8. Presentate il vostro team.

Le persone fanno la differenza. Presentate voi e il vostro team cercando di evidenziare tutte le passate esperienze e le competenze acquisite che potrebbero essere utili al successo della vostra impresa.

9. Proiettate i vostri ricavi e fate sognare.

Un pitch deve chiudersi portando il lettore o l'ascoltatore all'apice dell'attenzione.

Un buon modo per ottenere questo risultato è presentare una proiezione dei ricavi del vostro business nei tre anni a venire dimostrando che avrà un'importantissima crescita.

Come fare una proiezione? Nel prossimo paragrafo troverete un link, dove scaricare un modello di business plan che ben si adatta a ogni tipologia di azienda.

74

Il Business plan semplificato

Come ve la cavate con Excel? Abbiamo già parlato di competenze trasversali utili a fare startup: l'utilizzo di Excel è sicuramente una di queste.

Excel è uno strumento potente e vi semplificherà la vita ogni qual volta vorrete analizzare un aspetto numerico relativo alla vostra azienda. Se non sapete usarlo, non abbattetevi! Si possono facilmente trovare guide e corsi gratuiti on line che aiutano a utilizzarlo al meglio.

Non descriverò passo passo come creare un business plan su Excel, ma mi limiterò a spiegare brevemente la sua utilità e a darvi qualche suggerimento.

Non costruite fin da subito fogli troppo complessi, come i modelli offerti generalmente dalle banche che permettono addirittura di calcolare le imposte sui futuri ricavi.

Come abbiamo ripetuto più volte, ciò che cerchiamo è una guida, un modello semplice per ragionare e renderci conto di come cresce il nostro business e di quali sono le leve a nostra disposizione per svilupparlo ulteriormente; per farci un'idea della sua redditività e stimare quanti soldi ci possono servire per attuarlo.

Alla fine, quello di cui avremo bisogno sarà una proiezione dei ricavi e dei costi su base mensile, che ci permetta di capire quanto potremo guadagnare o perdere ogni mese.

Vi invito a visitare il seguente link (https://magropensiero.com/risorse/) per scaricare un business plan che potete utilizzare per partire con questa attività.

Ricordate: un buon piano deve essere flessibile e permettere di cambiare alcuni parametri per consentire di prevedere scenari differenti: tutte le volte che potete, rappresentate una voce con la formula "costo unitario moltiplicato per una quantità".

COSE UTILI CHE HO IMPARATO

5

Fidatevi di Pareto

"Per molti eventi circa l'80% degli effetti deriva dal 20% delle cause."
– Vilfredo Pareto

Nella fase iniziale del tuo percorso puoi trovarti nella situazione in cui hai poche cose da fare, ti senti disorientato, non sai da dove cominciare ogni mattina. Almeno, a me è successo così. Era il primo di aprile del 2016. Winelivery era partita da un paio di mesi e quello era il primo giorno in cui non ero più un dipendente. Sì, quel giorno iniziava la mia vita senza un datore di lavoro. Da quel giorno non avevo più nessuno che mi desse degli obiettivi o mi dicesse su cosa concentrarmi.

Vi confesso che i primi mesi sono stati veramente difficili: ero solo, gli altri membri del team non avevano ancora lasciato il loro impiego e io lavoravo da casa su un progetto che faticava a partire. Ogni mattina, appena mi svegliavo, pensavo a cosa avrei potuto fare per svilupparlo. Mi chiedevo: "Cosa posso fare oggi per dare un contributo al mio progetto?"

È proprio questa domanda, ne sono convinto, ad aver permesso all'azienda di diventare quello che è. E, ogni mattina, me ne pongo ancora una simile. Mi chiedo: "Quali sono le due attività che dovrei fare oggi per essere soddisfatto del mio contributo al progetto?".

Le due domande sono simili, ma hanno delle differenze profonde: la prima sottolinea la volontà di fare e ha un carattere generale; la seconda presuppone altri aspetti fondamentali dell'agire: organizzazione, prioritizzazione e specificità.

Nella seconda domanda si parla di due attività: non di tutte, ma solo di una piccola parte, possibilmente quelle con maggior valore e che effettivamente contribuiranno a cambiare le cose.

In questi anni, soprattutto quando mi sentivo spaesato e solo, mi sono interrogato parecchio su come autodisciplinarmi e diventare più efficace nel mio lavoro. Ho letto libri e articoli, e mi sono imbattuto molte volte nell'uomo che, oggi lo posso dire, mi ha cambiato la vita: Vilfredo Federico Damaso Pareto.

Se avete fatto studi socioeconomici, immagino avrete

già sentito parlare del "Principio di Pareto"; altrimenti, eccovi il succo della sua teoria.

Alla fine dell'Ottocento, Pareto osservò, guardando il suo giardino, che l'80% dei piselli era prodotto dal 20% delle piante. Continuò le sue osservazioni prendendo in considerazione anche fenomeni di natura sociale e si accorse, ad esempio, che in Italia l'80% delle terre era posseduto dal 20% delle persone.

Al termine dalla sua indagine arrivò a concludere che questa regola aveva un valore universale, era cioè applicabile alla maggior parte delle situazioni, e formulò il suo principio: "L'80% degli effetti deriva dal 20% delle cause".

Questo significa, per riportare il concetto nel nostro mondo che *l'80% del risultato si ottiene dal 20% delle azioni che intraprendiamo*. Semplificando ancora di più, si può dire che su dieci cose che hai da fare, la maggior parte dei risultati sarà probabilmente frutto di solo due azioni.

Il trucco sta perciò nell'investire il proprio tempo solo e unicamente nelle azioni che porteranno grandi risultati, tralasciando le attività che non produrranno una quantità sufficiente di valore.

Questo principio può essere applicato alla vita professionale e alle attività di ogni giorno, ma anche ad aree aziendali o decisioni specifiche.

Proviamo a fare un esempio. Immaginiamo di sfruttare solo due canali di marketing per promuovere la nostra attività e che per entrambi siamo in grado di misurare quanto tempo e quanti soldi investiamo e quanti nuovi clienti ci porta ciascuno. I due canali della nostra ipotesi sono la pubblicità su Facebook e il volantinaggio.

Il primo ci costa 1000 euro al mese e un'ora di attività settimanale per configurarlo e controllarlo; il secondo 50 euro di volantini, 800 euro di personale che li distribuisce e un'ora al giorno per spiegare il lavoro alle persone e preparare i percorsi dove svolgerlo.

Facebook ci porta 50 nuovi clienti ogni mese, lo stesso il volantinaggio.

Uno sguardo superficiale ci dirà che spendiamo 850

euro di volantinaggio per 50 clienti e 1000 euro per Facebook, sempre per 50 clienti, dunque che il volantinaggio è l'attività più *efficiente*.

Sono abbastanza certo del fatto che il dottor Pareto non la penserebbe così! Come abbiamo visto in precedenza, il nostro tempo è la risorsa più preziosa, e, quando ragioniamo, dobbiamo valorizzarlo. Per comodità, facciamo finta che un'ora del nostro tempo valga 20 euro (sì, è poco, ma è funzionale al nostro esempio!). Pertanto, il costo per acquisire i nostri clienti diviso per canale potrà essere sintetizzato come segue:

Facebook = (1000€ + 20 € x 4 volte al mese)/50 clienti = 21,60 € a cliente

Volantinaggio = (50€+800€ + 20 € x 20 volte al mese)/50 = 25 € a cliente.

Osservate l'esempio: avete avuto un risultato superiore, risparmiando l'80% del tempo, che potrete investire in altre attività a maggior valore. Se fossi in voi, porterei il budget di Facebook a 2000 euro, smetterei di fare volantinaggio e in quelle 20 ore risparmiate al mese cercherei di trovare un nuovo modo per acquisire clienti!

Tornando a noi, mi permetto di darvi un suggerimento, che è la sintesi della semplice tecnica che ho adottato in questi anni per assicurarmi di essere il più efficace ed efficiente possibile utilizzando il Principio di Pareto.

Una rana a colazione

Se, il 20% delle cause (le nostre azioni) provoca l' 80% degli effetti (il risultato), allora è vero anche che l'80% delle nostre azioni provoca solo il 20% del risultato.

Ciò significa che dobbiamo focalizzare il nostro tempo sul 20% delle attività importanti perché ci permetteranno di ottenere l'80% del risultato.

Provate il metodo seguente e sono sicuro che sarà facile anche per voi capire qual è questo 20% di cose importanti.

1. Ogni giorno scrivete su un foglio le 10 cose che dovreste fare.

2. Ordinate queste attività per importanza, numerandole da 1 a 10.

3. La 1 e la 2 sono quelle che dovreste assicurarvi di svolgere al più presto, le altre potranno essere rimandate a un secondo momento, delegate o addirittura omesse.

Personalmente, utilizzo questa prassi ogni mattina, ma spesso durante la giornata tendo a perdere la bussola. Ogni volta che sono in difficoltà o in confusione, riparto da Pareto e mi chiedo di nuovo: "Quello che sto facendo è veramente la cosa più importante che potrei fare in questo momento?".

Stabilire l'importanza di un'attività potrebbe non essere semplice, ma anche qui ho una tecnica che mi accompagna da qualche anno e che valuto in relazione ai miei obiettivi di medio e lungo periodo. Vi faccio un esempio. Immaginiamo che il nostro obiettivo sia raggiungere 100.000 euro di fatturato al mese entro i prossimi 6 mesi.

Ora pensiamo all'attività che abbiamo davanti e poniamoci la seguente domanda: "Effettuare questa attività mi aiuterà in qualche modo ad avvicinarmi al mio obiettivo?".

Se la risposta è "sì", è un buon indizio che quell'attività sia rilevante e quindi va svolta; se è "no", beh, mi sembra chiaro che sia meglio dedicarsi ad altro.

Tenete presente che, spesso, le cose importanti sono le più difficili e scomode e potrebbero avere conseguenze sulla nostra vita. Proprio per questo motivo, le persone (io ne sono un fantastico esempio!) tendono a rimandarle continuamente, giustificandosi con la classica scusa: "Non è il momento giusto per fare questa cosa, la farò dopo...", e quel "dopo" magari non arriva mai...

Qualche tempo fa partecipai a un bellissimo corso tenuto dal business coach Ed Capaldi e rivolto a nove imprenditori italiani ad alto potenziale, il cui obiettivo era insegnare come migliorare la gestione del tempo e focalizzarsi sulle cose importanti.

Un aspetto che mi rimase particolarmente impresso, forse proprio perché lo sentivo molto mio, era quello relativo alla procrastinazione.

Capaldi citò Mark Twain: "If it's your job to eat a frog, it's best to do it first thing in the morning" (Se il tuo lavoro è mangiare una rana, è meglio farlo come prima cosa il mattino).

Mangiare la rana sta per il compito che meno si vuol svolgere, quello che si tende a procrastinare e che probabilmente è molto importante. La citazione ci dice che va fatto subito il *mattino*. Perché il mattino?

Perché la mattina siamo freschi e riposati, non abbiamo addosso lo stress della giornata e generalmente prendiamo decisioni migliori, in quanto riusciamo a concentrarci meglio.

Per riassumere, dedicatevi ogni giorno alle due o tre cose più importanti che vi attendono e portatele a termine come prima cosa al mattino. Iniziando da quella meno piacevole.

6

Sparate, puntate e sparate di nuovo!

"Non si può gestire ciò che non si può misurare."
– Robert Kaplan

Quando ti cimenti in nuove attività, non è facile trovare la soluzione al primo colpo. Soprattutto in una startup, vi troverete spesso a dover raggiungere un obiettivo senza avere alcuna idea di come fare concretamente. Di certo, quando vi confronterete con chi vi sta intorno, troverete che ogni persona ha la soluzione in tasca per il vostro problema, ma la verità è che queste risposte sono superficiali e basate su esperienze necessariamente diverse dalla vostra realtà: dopotutto state innovando!

Annotare tutte le soluzioni che vengono in mente o che vengono suggerite è fondamentale, ma solo provandole saprete quale funziona nel vostro caso.

In questi anni ho imparato che, quando si lavora nel nostro ambito, e quindi si ha a che fare con l'innovazione, l'unica cosa certa è l'incertezza. L'incertezza, per definizione, non ha risposte pronte all'uso che consentono di governarla. Per farlo, è necessario avere un metodo.

Solo dopo aver compreso faticosamente questo concetto sulla mia pelle, leggendo qua e là, ho scoperto il Lean Startup.

Non starò a illustrare tutta la teoria alla sua base (ma vi consiglio di leggerla. Anche in questo caso si trova tutto sul web), proverò semplicemente a scomporre il suo principio cardine, per trasformarlo in uno strumento utile nella quotidianità.

Questa nuova metodologia è stata elaborata alla fine degli anni 2000, nella Silicon Valley, da Eric Ries con l'ambizioso obiettivo di diminuire in maniera radicale i tempi e i costi di un percorso imprenditoriale di successo.

Il caposaldo del metodo Lean Startup è l'adozione, in qualsiasi situazione, di un approccio ciclico, il cosiddetto *ciclo di feedback*, che si sostanzia in tre fasi: *Creazione, Misurazione, Apprendimento (Build, Measure, Learn)*. Proviamo ora a dare uno sguardo a ciascuna di esse. Iniziamo dalla creazione, ma attenti: essendo un ciclo di tre elementi è indifferente da quale si parte!

Nella fase di *Creazione* l'obiettivo è quello di strutturare un esperimento nella maniera più semplice possibile. I purristi della materia parlano di Minimum Viable Product (MVP), ossia di una versione primordiale di ciò che si vuole realizzare, che consenta di andare velocemente a mercato in modo che i presupposti su cui è stato costruito il prodotto (o servizio) possano essere verificati nella pratica grazie ai feedback dei clienti. È fondamentale creare esperimenti che siano misurabili nelle loro variabili.

In quella di *Misurazione* dovremo analizzare i dati raccolti con il nostro test e isolare cosa ha funzionato e cosa no.

La terza fase, *l'Apprendimento*, è lo stadio in cui si tirano le somme del lavoro svolto fino a quel momento per rispondere, sulla base delle informazioni che abbiamo ottenuto, alle seguenti domande: "Dovrei continuare in questa direzione oppure fare qualcosa di diverso?", "Cosa ho imparato?", "Quali sono i prossimi passi?".

Personalmente, non sono un purista del Lean Startup e mentirei se vi dicessi che lo applico in ogni progetto. Al tempo stesso, credo che il principio fondamentale di questo metodo possa essere molto utile in moltissime situazioni dominate dall'incertezza, quando si conosce lo sforzo richiesto, ma non altrettanto il risultato che si otterrà.

Quello che ho imparato, e che vi consiglio di applicare, è un approccio volto a implementare le vostre azioni nel modo più rapido possibile: non aspettate che tutto sia perfetto, ma provate a fare qualcosa e assicuratevi di avere la possibilità di misurare l'efficacia di ciò che avete intrapreso così da poter verificare se la vostra scelta sia stata un bene oppure no e intervenire di conseguenza.

Mi piace considerare gli startupper di successo un mix di *pistoleri* del Far West, quelli che continuavano a sparare con due pistole senza prendere la mira, e di *nerd*, fissati con i dati in modo da poter misurare tutti i colpi che hanno sparato nella loro veste di pistoleri.

Tutto questo non basta: è necessario fare un passo in più e non precipitare nel *loop* dell'analisi fine a sé stessa. Come dico spesso ai miei collaboratori, un'analisi accurata che non prevede dei *to do* è un'inutile perdita di tempo.

Per riassumere il tutto, non abbiate paura di provare tante e diverse soluzioni quando affrontate i problemi. Ricordate sempre di misurare ciò che avete testato per assicurarvi di capire cosa ha funzionato e cosa no. Infine, prendete sempre decisioni coerenti con le analisi che avete compiuto, e ricominciate a provare!

7

Imparate a vendere

"La motivazione è ciò che ti fa iniziare. L'abitudine quello che ti permette di continuare."
– *Jim Rohn*

Prima di iniziare la mia avventura imprenditoriale, come vi ho già detto, lavoravo in una società di consulenza e mi occupavo di progetti e innovazione. L'azienda era trainata dalla parte commerciale, settore da cui anche il fondatore proveniva. Io mi trovavo dall'altro lato e non avevo un ruolo prettamente commerciale, se non nell'ultimo periodo della mia esperienza, in cui mi occupavo della fase di pre-vendita, ossia del contatto con il cliente solo dopo che aveva manifestato un'esigenza e si iniziava a creare il progetto destinato a soddisfarla.

A quel tempo, una delle cose che più mi irritavano era che l'organizzazione ruotasse proprio intorno all'attività di vendita. La consideravo vuota e meccanica. Ritenevo che i venditori fossero capaci solo di parlare tanto, ma non di capire le complessità dei progetti che dovevamo sviluppare e giudicavo il loro lavoro banale e non decisivo per il successo della società.

Oggi, a distanza di qualche anno, il mio pensiero è cambiato radicalmente e ringrazio di aver avuto la possibilità di imparare a gestire un processo di vendita e di esserne stato parte. È anche grazie a questa esperienza che sono riuscito a raggiungere molti traguardi da imprenditore.

Il primo consiglio che darei a una persona che aspira a fare impresa oggi è di provare un'esperienza nell'ufficio commerciale di un'azienda. Sono convinto di quanto affermo: l'attività di vendita consente di sviluppare una serie di abilità fondamentali per il successo di una startup.

Vendere in maniera strutturata presuppone lo sviluppo di caratteristiche quali la tenacia, che ti consente di non mollare, di andare avanti senza demotivarti anche quando prendi delle porte in faccia. Non a caso è una delle cinque caratteristiche degli imprenditori di successo di cui abbiamo parlato nel primo capitolo. Vendere ti consente di affrontare continuamente le sconfitte e ti obbliga a migliorare la volta successiva.

Lavorare in ambito commerciale permette inoltre di sviluppare fortemente le *abilità sociali*, obbliga a imparare come comportarsi e a sostenere conversazioni con molteplici tipologie di interlocutori. Vendere significa spesso entrare in empatia con i potenziali clienti, entrare nella loro testa, ragionare come ragionano loro.

Acquisire queste abilità sarà di grande beneficio per la vostra vita imprenditoriale, perché vi consentirà di piacere un po' di più agli altri e allo stesso tempo di essere più efficaci in qualsiasi attività che prevede un'approvazione dalla controparte.

Oltretutto avere la capacità di capire i propri interlocutori sarà un vantaggio per voi, in quanto vi allenerà a comprendere la risposta del mercato. Dopotutto, un "commerciale" è colui che promuove e propone un prodotto ai potenziali clienti e, di conseguenza, è il primo a comprendere se un prodotto è apprezzato dal suo mercato di riferimento e il primo a recepire eventuali feedback migliorativi dal mercato stesso.

Un'esperienza nelle vendite vi obbligherà a ragionare per deadline, obiettivi e azioni.

Il vostro successo sarà misurato sulla base dei risultati che porterete, probabilmente in termini di vendite o contratti; pertanto i vostri obiettivi saranno semplici e chiari e per raggiungerli dovrete lavorare per micro-obiettivi, gestire il cliente per fasi in modo che da potenziale si trasformi in effettivo.

Questo lavoro vi obbligherà a essere precisi e a tener traccia di tutte le informazioni. Tutto ciò vi tornerà molto utile nella vostra esperienza da fondatori di una startup e vi permetterà di mettere ordine nelle vostre attività e di vendere il vostro prodotto o il vostro servizio. Inoltre renderà la vendita un processo più scientifico di quanto pensiate.

In questi anni, quando un processo di vendita non funzionava, non mi sono mai fermato alle scuse dei miei collaboratori, ma mi sono sempre chiesto il motivo del fallimento, cercando poi le risposte nell'analisi degli aspetti che portano i risultati in questo specifico ambito. Sono pertanto giunto a formulare la mia personale equazione della vendita, in cui il livello di successo può essere così rappresentato:

Livello di vendite = bontà del prodotto x bontà del commerciale x numero di contatti.

In un'equazione dove tutte le variabili sono moltiplicate tra loro basta che una sia zero perché il risultato generale sia zero.

Vi sorprenderà ma, per mia esperienza, la maggior parte delle volte i processi commerciali vanno male a causa dell'ultima variabile, la più banale: il numero di contatti. Se vuoi vendere, devi avere un piano commerciale con molti contatti, gestirne il più possibile e continuare a battere su quelli che dimostrano interesse.

Vi racconto questo perché spesso sento giovani startupper lamentarsi del fatto che non riescono a raccogliere capitali. Se ci pensate bene, cercare investitori non è nient'altro che vendere il proprio progetto a qualcuno che, dandovi i suoi soldi da investire, lo compra.

Quando chiedo a qualche mio collega: "Mi fai vedere la documentazione e il piano con la lista dei contatti degli investitori?" mi viene spesso risposto: "No, ma io ho già incontrato il Fondo X e il Club degli investitori Y, che ora mi faranno sapere...".

Raccogliere denaro dagli investitori è come vendere: serve un obiettivo; un target coerente con il proprio prodotto (la nostra startup); una documentazione *ad hoc* per ciascuno degli investitori; prepararsi a ogni incontro raccogliendo informazioni sulla controparte e, soprattutto, incontrare il maggior numero di persone possibile.

8

Dovrete fare crowdfunding

"Fare crowdfunding non significa solo raccogliere soldi, ma anche
esperienze, conoscenze e clienti."
– Francesco Magro

Sono stato spesso definito "cintura nera di crowdfunding". Dal 2016 al 2019 mi sono occupato personalmente di tre campagne di *crowdfunding* raccogliendo per Winelivery quasi due milioni di euro da più di 550 investitori privati e portando così l'azienda a essere la S.r.l con più soci in Italia (ora il mio primato, ahimè, è stato battuto!).

Pertanto, sono abbastanza certo di poter dire la mia su questo argomento, soprattutto in riferimento al contesto italiano, che come in molti altri settori, anche per le startup ha le sue particolarità.

Facciamo ora un passo indietro e proviamo a capire cos'è il crowdfunding e la differenza tra le varie tipologie di finanziamento collettivo.

Il crowdfunding è la pratica attraverso la quale si richiedono capitali (*funding*, "finanziamenti") a una moltitudine di soggetti (*crowd*, "folla") che contribuiscono anche con somme minime. Si è diffuso con il web e l'affermazione dei portali che gestiscono questo tipo di attività.

In Italia, stranamente, il settore è stato regolato dalle istituzioni in uno stadio precoce del suo sviluppo, già nel 2012, e dal quel momento ha iniziato a crescere e differenziarsi nelle sue varie declinazioni anche nel nostro Paese.

Possiamo distinguere tre principali tipi di crowdfunding, che si differenziano in base all'obiettivo della raccolta o al tipo di ricompensa che offrono ai finanziatori.

Il reward crowdfunding

Il miglior esempio di questa tipologia di crowdfunding è sicuramente Kickstarter, il famosissimo portale americano noto per aver lanciato una moltitudine di progetti innovativi. Il *reward crowfunding prevede*, a fronte del finanziamento, *una ricompensa (reward) non monetaria*, che può essere un semplice riconoscimento oppure una certa quantità del prodotto finanziato, o ancora la possibilità di essere i primi ad avere il bene quando questo verrà prodotto grazie alla raccolta di capitali. Nel reward crowdfunding *non vi è una vera e propria obbligazione tra finanziatore e finanziato.* In Italia, i portali che si occupano di questa specifica tipologia di raccolta sono diversi; il più famoso è Eppela, ma ce ne sono molti, spesso verticalizzati in settori specifici. Questo tipo di crowdfunding è adatto al lancio di nuovi prodotti e a raccolte di piccola entità.

Non offrendo una vera e propria ricompensa all'investitore, il finanziamento è spesso fatto soltanto per simpatia e network; proprio per questo motivo, le raccolte di reward crowdfunding, solitamente, non superano le poche migliaia di euro.

Il lending crowdfunding

In questa modalità di finanziamento *gli investitori scambiano prestiti.* In questo caso la loro ricompensa consisterà nella *restituzione del capitale con l'aggiunta degli interessi da parte dell'impresa.* Non ho molta esperienza in questa tipologia di crowdfunding, anche se vedo che negli ultimi anni i portali che se ne occupano stanno aumentando molto velocemente. Il *lending crowdfunding* non è adatto alle startup, così come non lo sono il debito bancario e i finanziamenti classici poiché, come abbiamo già detto all'inizio di questo libro, sono strumenti finanziari con un grado di rischio troppo elevato per un'impresa ai primi stadi.

Visto che è un tipo di finanziamento che non fa al caso nostro, non mi dilungherò oltre, ma se volete saperne di più basta digitare "lending crowdfunding su Google"...

L'equity crowdfunding

Arriviamo ora alla mia specialità, l'*equity crowdfunding*, ossia la modalità di finanziamento con la quale gli investitori offrono somme di denaro in cambio di quote societarie delle aziende. In questo caso gli investitori diventano veri e propri soci dell'impresa.

In Italia, tale tipologia è stata regolata con il Decreto-legge n. 179 del 18 ottobre 2012, ma ha iniziato a svilupparsi e a diffondersi nel 2016, quando la normativa è stata semplificata, permettendo di sottoscrivere gli investimenti superiori a 500 euro tramite il bonifico online.

Attenzione però. L'equity crowdfunding non è assolutamente un'iniziativa da intraprendere con leggerezza: *le persone che investiranno nella vostra società, anche solo qualche centinaio di euro, saranno a tutti gli effetti vostri soci, con i conseguenti diritti, doveri e pretese. È fondamentale capire da subito questo aspetto perché, una volta iniziato il processo, non potrete più tornare indietro.*

Impariamo a conoscere il crowdfunding

Il mio obiettivo non è quello di spaventarvi, ma è necessario conoscere il crowdfunding in tutti i suoi risvolti per poterlo governare al meglio e trarne i suoi tanti benefici.

Ancor prima di entrare nel vivo e andare a vedere come si crea una campagna di successo, è utile porsi una domanda: "Perché dovrei fare crowdfunding invece che raccogliere investimenti da conoscenti o bussare alla porta di qualche *business angel o venture capital?*".

Va detto anzitutto che non tutte le startup sono adatte

al crowdfunding. L'appropriatezza di questo strumento va analizzata in relazione a due aspetti principali: *la fase del ciclo di vita* della tua startup e *il settore di riferimento/tipologia del progetto.*

Provo a spiegarmi meglio, iniziando dal *ciclo di vita.* Con il crowdfunding si va ad attingere principalmente a risorse di privati, i cosiddetti investitori *retail,* che spesso investono da poche centinaia a qualche migliaio di euro su una startup. Potete ben capire che l'obiettivo principale di questi "investitori" è individuare (o indovinare) con forte anticipo un'azienda che avrà in un prossimo futuro tassi di crescita elevatissimi: l'obiettivo dell'investitore da crowdfunding è un *exit* a multipli molto elevati. Questo tipo di relazione tra valore investito e valore futuro si trova principalmente (e soprattutto nel nostro Paese) in aziende *early stage,* ossia in aziende che sono alle prime fasi del loro ciclo di vita e che tendenzialmente hanno un giro d'affari molto ridotto o addirittura non fatturano nulla. Inoltre, in Italia, le raccolte di crowdfunding difficilmente superano qualche centinaio di migliaia di euro. Ne deriva che le aziende interessate a questo strumento devono essere all'inizio del proprio percorso, possedere un'idea validata e il crowdfunding dovrebbe essere il primo o il secondo giro di finanziamenti – noi diciamo "round" – a essere affrontato (dopo quello di parenti e amici).

Fare crowdfunding troppo presto, quando l'idea è poco più che sulla carta, non sarebbe un bene, in quanto l'investitore potrebbe non comprendere la forza del progetto, e di conseguenza non accettare il rischio. In queste fasi primordiali, quando i fatturati sono ancora molto piccoli, per l'investitore scommettere su una startup è un atto di fede nei confronti dell'imprenditore come persona e non tanto dell'idea o del progetto. Perciò, all'inizio, puntate molto su voi stessi: investite nel migliorare la vostra dialettica e il vostro modo di interagire con gli altri, perché dovrete, prima di tutto, vendere voi stessi.

Analogamente, scegliere il crowdfunding quando l'azienda comincia ad avere fatturati importanti e a consolidare il proprio mercato potrebbe non essere così interessante.

Gli sforzi da sostenere in una campagna di crowdfunding, il rischio per la reputazione dell'impresa, nel caso in cui la raccolta di capitale andasse male, e la complessità che il postcrowdfunding porta con sé, non lo rendono uno strumento indicato per aziende che si trovano in una fase avanzata del loro ciclo di vita.

Per riassumere il tutto e darvi un'indicazione approssimativa, il crowdfunding può essere adatto a un'azienda che fattura tra 100.000 e un milione di euro.

Il secondo aspetto da considerare per valutare se è appropriato ricorrere a questa pratica di finanziamento è, abbiamo detto, il *settore di riferimento*. Non tutte le idee (o i progetti) sono, infatti, adatte al crowdfunding. Per spiegarvi perché, devo fare una breve digressione e raccontarvi chi è l'investitore da crowdfunding e quali sono le sue specificità. Sarò crudo ma sincero, come i miei 570 investitori sanno che sono.

L'investitore da crowdfunding non decide come gli altri investitori.

Nel mercato degli investimenti professionali, dove operano principalmente i *venture capitalists*, le aziende *early stage* sono valutate analizzando variabili come la dimensione del mercato, la scalabilità dell'idea, il panorama competitivo, la forza e le competenze del team di fondatori, la bontà del business plan e delle prime metriche di business: tutte variabili razionali o razionalizzabili che vengono prese in considerazione e stimate per capire il potenziale dell'azienda e il rischio di un eventuale investimento in essa. Nel crowdfunding, tutte queste informazioni sono decisamente molto meno rilevanti per la scelta di finanziare un'impresa.

Il nostro investitore è un investitore tipicamente emotivo, una persona che non offre finanziamenti per mestiere, ma per passione o curiosità. Il suo obiettivo, non è, come per i professionisti, avere un portafoglio di investimenti bilanciato e redditizio, ma, molto spesso, dare il proprio contributo a qualcosa in cui crede sperando di mettere a segno il colpo della vita! La sua idea è di puntare un *chip* (una piccola somma di denaro) su una startup che un giorno varrà un sacco di soldi e gli consentirà di moltiplicare il suo piccolo investimento iniziale. Il comportamento dell'investitore medio da crowdfunding è spesso molto più simile a quello dello scommettitore, piuttosto che a quello di un investitore professionale.

Date tali premesse, per piacere a questo tipo di investitore il nostro progetto dovrà avere una serie di caratteristiche particolari che ho provato a razionalizzare qui di seguito sintetizzandole in tre punti.

1. Quotidianità.

Il tuo progetto deve essere relativo a qualcosa che le persone utilizzano o vivono nel quotidiano. Funzionano bene le startup che si occupano di prodotti o servizi rivolti al consumatore privato. Da questo punto di vista Winelivery, ad esempio, era perfetta: il suo obiettivo era modificare il modo in cui le persone ordinavano vino e bevande. Tutti bevono e tutti acquistano bevande, pertanto il bisogno era facilmente comprensibile all'investitore, che si immedesima nel consumatore, prima di effettuare l'investimento.

Immaginate invece di aver fondato una startup che si occupa di software per gestire i processi di vendita tra aziende con una nuova tecnologia in cloud. Salesforce e Pipedrive sono state startup con crescite sbalorditive che oggi hanno un valore enorme, ma pensateci bene, il grande pubblico avrebbe potuto mai capire, in fase embrionale, la potenza di queste soluzioni e il loro mercato? Probabilmente pochi degli investitori sanno cos'è un CRM B2B (un software per la gestione delle relazioni con i clienti business-to-business), di conseguenza avrebbero avuto non poche difficoltà a comprenderne il potenziale.

2. Semplicità.

Funzionano bene le idee semplici, dove è facile capire il modello di business, vale a dire come guadagna l'azienda.

Ci sono moltissime imprese di successo che hanno modelli di business particolari, basati su provvigioni o pubblicità. Questi modelli complessi sono comprensibili solo agli addetti ai lavori e non sono adatti al grande pubblico. Le aziende che hanno successo nel crowdfunding, di solito hanno modelli di business semplici, come il classico margine sulla vendita o l'abbonamento. Anche in questo caso provo a fare un esempio concreto per spiegarvi cosa significa avere un'azienda con modello di ricavo complesso.

Immaginiamoci che un giochino sconosciuto per il cellulare, appena lanciato sugli app store, cerchi fondi per promuoversi attraverso il crowdfunding; immaginiamoci anche che il suo creatore dichiari di rendere disponibile il gioco gratuitamente a tutti gli utenti, ma che offrirà ai giocatori più affezionati la possibilità di acquistare delle funzioni speciali (o più vite) nel gioco in cambio di denaro reale e che questo sarà il suo guadagno. Ci investireste?

Beh, inutile dirvi che il popolarissimo Candy Crash, che è stato il gioco per il cellulare con la più grande redditività, aveva proprio questo modello di business. Comprendere questi tipi di modelli è complesso per gli investitori da crowdfunding, che, come abbiamo detto, in fin dei conti sono più degli scommettitori che sognano l'operazione della vita.

3. Sognabilità.

Le idee perfette per il crowdfunding devono essere semplici, facilmente comprensibili... e possibilmente *sexy*!
Sì, proprio sexy, perché devono in qualche modo colpire la sfera emotiva dell'investitore, il quale deve riuscire a immedesimarsi con il progetto e comprenderne la facilità di crescita.

Prendiamo ancora Winelivery. Perché Winelivery è *sexy e sognabile?* Perché è facile percepire che il suo modello di business diventa vincente e cresce tanto più si acquisiscono clienti in una città e tanto più si riesce a creare nuovi punti Winelivery in altri luoghi. Chiunque può capire qual è il modello di scalata di un business come questo!

Attenzione, però: ciò non significa che un business model come quello di Winelivery sia facilmente scalabile o replicabile; anzi è molto meno facile di molti altri, poiché in ogni città devi ricreare *operations* e adattarti alla cultura locale, in termini sia di comunicazione sia di offerta. Ma ha il vantaggio di essere semplice da spiegare al grande pubblico. Per concludere, potremmo dire che sono adatte al crowdfunding tutte le startup aventi la caratteristica di essere *apparentemente scalabili.*

Le due facce della medaglia

A questo punto, immagino abbiate oramai capito quali sono i progetti che, potenzialmente, sono più adatti al crowdfunding. È quindi arrivato il momento di affrontare i lati positivi e quelli negativi legati a questo strumento di finanziamento. Ebbene sì, avete capito bene: non è tutto oro quello che luccica e anche il crowdfunding ha un'altra faccia della medaglia.

Se l'azienda si trova nel giusto momento del suo ciclo di vita e ha le caratteristiche di quotidianità, semplicità e sognabilità viste in precedenza, i **risvolti positivi** del crowdfunding sono sicuramente maggiori di quelli negativi, ma credo che, in qualsiasi caso, sia necessario comprenderne tutti i suoi aspetti per poterlo valutare in maniera efficace e prendere decisioni consapevoli in merito.

Al netto di portare a casa dei soldi per finanziare il proprio progetto, che è sicuramente il beneficio principale delle campagne di crowdfunding, oltre che la ragione per cui si decide di intraprenderle, ci sono altri motivi per cui questo canale può essere ritenuto migliore rispetto ad altri.

Innanzitutto, **fare crowdfunding consente di avere dal mercato valutazioni** *pre-money* (cioè ante investimento, ovvero prima di aver raccolto i soldi), **più elevate.** Come immagino saprete, per fare crowdfunding devi dare un valore all'azienda, in quanto è il suo valore che determina il prezzo a cui gli investitori acquisteranno le quote o le azioni emesse per gestire un aumento di capitale in crowdfunding. La valutazione è sicuramente lo scoglio più arduo, quando si ha a che fare con business angel e venture capital. Per definizione, il loro obiettivo è quello di pagare il meno possibile un'azienda; al contrario, quello del fondatore è di valorizzarla al massimo, perché, a parità di soldi raccolti, va a cedere una percentuale di proprietà minore (la famosa *diluizione*).

Giusto per essere sicuri di esserci capiti, immaginiamo che il nostro obiettivo sia di raccogliere 100.000 euro per la nostra startup:

– nel caso in cui la nostra valutazione pre-money (prima di aver raccolto i soldi) sia 1 milione, andremo a diluirci del 9,1% [100.000/(1.000.000+100.000)].

– nel caso in cui la nostra valutazione pre-money sia invece di 2 milioni, la diluizione risultante sarebbe del 4,76% [100.000/(2.000.000+100.000)]. Il che significa che, a parità di soldi che avremmo nel portafoglio da investire una volta raccolti i finanziamenti, saremmo ancora proprietari del 95,24% dell'azienda invece che del 90,9%.

Quando tratti con un soggetto professionale, devi fare ricorso a particolari metodologie per realizzare una valutazione a prova di bomba e, comunque, dovrai probabilmente concedergli sconti per ottenere il finanziamento.

Se invece fai crowdfunding, hai comunque bisogno di una valutazione, ma di fronte a te ci sarà un pubblico frammentato, che valuterà l'investimento anche attraverso componenti emotive, e pertanto sarà più semplice fargli digerire una valutazione più elevata. L'importante è che valutazione sia credibile e costruita con metodo. Se non sapete da dove partire, vi consiglio di dare uno sguardo al sito www.equidam.com, un servizio freemium (gratuito nella versione base e a pagamento in versione completa), che vi permetterà, completando pochi campi, di avere un'idea del possibile valore della vostra azienda per il mercato; giocando poi con le variabili a disposizione in questo applicativo, in breve tempo riuscirete a capire quali sono gli aspetti che più premiano con una elevata valorizzazione una startup.

Correlato al punto precedente, vi è il fatto che **il crowdfunding necessita di molta meno documentazione e meno approfondimenti.** Avere a che fare con un vasto pubblico, che investe spesso in maniera impulsiva, ti semplifica la vita dal punto di vista del materiale da produrre: un semplice business plan su base mensile, un pitch e un bel video sono sufficienti per raccogliere anche milioni di euro. Avere a che fare con un fondo d'investimento o dei business angel ti costringerebbe invece a redigere una moltitudine di documenti per analizzare anche i parametri più inutili. Non dimenticate mai che il vostro tempo è un grande valore e dovete evitare il più possibile le attività che ve ne fanno perdere e non portano risultati tangibili.

Il crowdfunding non è solo una questione di soldi. Fare una campagna di successo **consente di contattare una miriade di persone** che, oltre a investire, probabilmente diventeranno anche tuoi clienti e cominceranno a lavorare per te. Ho definito questa dinamica il *crowd-marketing effect*, ossia una situazione per la quale i tuoi investitori si sentono parte dell'avventura aziendale in prima persona e, se correttamente stimolati, diventano un ottimo canale di marketing a basso costo che ti permetterà di spargere la voce sul tuo progetto e, di conseguenza, di raggiungere nuovi potenziali clienti. A fine 2016, quando facemmo il primo round di raccolta, Winelivery contava già la bellezza di un migliaio di clienti che avevano acquistato almeno una volta con l'app. Al termine dell'operazione di finanziamento, i primi 143 investitori, che ci avevano permesso di raccogliere 150.000 euro, diventarono loro stessi 143 nuovi clienti e, grazie al loro passaparola con amici e conoscenti, contribuirono all'aumento del portafoglio clienti di Winelivery, che nei due mesi della campagna di crowdfunding raddoppiò.

Non vi stupirà sapere che quei 143 investitori, in questi anni, ci hanno portato migliaia di nuovi clienti; ancora oggi, che i nostri investitori sono più di 500, continuano a essere, a tutti gli effetti, un canale di marketing importante per l'azienda.

Una campagna di crowdfunding di successo, se ben gestita, **significa fare notizia**, uscire sui giornali, mostrarsi al mondo. Tale esposizione mediatica ha il vantaggio di portare nuovi clienti e rende l'azienda visibile a imprese complementari, o attive in settori adiacenti, interessate a eventuali partnership. Moltissime partnership di Winelivery vengono proprio dalle campagne di crowdfunding, che ci hanno permesso, anche quando avevamo budget molto bassi per il marketing, di entrare in contatto con una moltitudine di persone. Gli stessi investitori vorranno che l'azienda cresca sempre di più e cercheranno, quando possibile, di abilitare e procurare connessioni di valore con altri soggetti.

Se non avessi fatto crowdfunding, sicuramente non avrei potuto godere del suo effetto network, di cui tutt'ora beneficio, non avrei conosciuto alcuni grandi imprenditori che stimo e ai quali mi sono ispirato in questi anni e, infine, probabilmente avrei anche qualche amico in meno.

Ora, dopo avervi illustrato tutti i lati positivi di una campagna di crowdfunding di successo, passiamo alle **note dolenti.**

Fare crowdfunding significa entrare in un **processo burocratico** e disciplinato che, per quanto semplice sia, porta con sé una serie di complessità che devi governare dal momento in cui intraprendi questa scelta, e lo dovrai fare per tutto il ciclo di vita della tua azienda.

In primis, per utilizzare questa pratica di finanziamento, lo statuto societario della tua azienda deve rispondere a una serie di requisiti. Se così non fosse, bisognerà andare dal notaio e modificare lo statuto con le conseguenti spese del caso. Online si trovano tutti i riferimenti alla normativa, pertanto qui di seguito mi limiterò a elencarne gli aspetti più importanti (non è questa la sede per addentrarsi in tematiche di diritto societario):

– la società deve essere una società di capitali (una S.r.l. o una S.p.A.);

– chi è già socio deve avere un diritto di prelazione sugli aumenti di capitale;

– lo statuto deve prevedere alcuni diritti per gli investitori, quali le clausole di "drag along" (o "patto di trascinamento", con cui il socio di maggioranza ha il diritto di "trascinare" nella vendita anche i soci di minoranza) e di "tag along" (o "diritto di covendita", con cui il socio di maggioranza che vuole trasferire le proprie quote a terzi garantisce anche ai soci di minoranza la possibilità di vendere alle stesse condizioni);

– è preferibile avere almeno due classi di quote societarie o di azioni, una con diritto di voto e una con meri diritti patrimoniali.

Avere molti soci è, come abbiamo visto, un valore: sono tanti e contano poco, sono un canale di marketing, promuovono attivamente la tua azienda ecc. Al tempo stesso, capitalizzare al meglio il loro valore richiede attenzioni. **Sei costretto a compiere diverse attività di relazione con**

gli investitori, che tipicamente svolgono solo le società di grandi dimensioni quotate sul mercato azionario, come ad esempio redigere periodicamente relazioni sui risultati aziendali, creare canali diretti di comunicazione con i soci per rispondere alle loro domande (che saranno sempre le stesse e spesso saranno stupide), produrre documentazione per fare in modo che adempiano i loro obblighi fiscali. Insomma, il lavoro non finisce con la raccolta di capitale, ma continua sempre ed è importante che sia così. Mantenere gli investitori, anche quelli molto piccoli, sempre impegnati e informati sul tuo progetto, ti permetterà di trarre il massimo beneficio e, potenzialmente, di attingere alle loro finanze in una successiva campagna per raccogliere capitali. Una gestione di questo tipo mi ha permesso, nei quattro round di finanziamento che ho gestito fino ad oggi, di avere un tasso di reinvestimento da parte di chi era già socio superiore al 50%; ciò significa avere sempre a disposizione dei fondi in caso di necessità, senza dover cercare nuovi investitori. Scusate se è poco!

Tutto qui? Beh, non è poi così male allora, direte. E invece no! Un altro aspetto negativo, un dettaglio antipatico più che altro, del fare crowdfunding è che avere **un numero elevato di investitori**, spesso con scarse competenze relative al tuo business, ti porterà sì molte opportunità, ma significherà anche che molti di loro **vorranno essere o sentirsi utili all'impresa.** Il problema è che le iniziative che intraprendono per il bene dell'azienda si rivelano il più delle volte un danno o una perdita di tempo e tu, almeno occasionalmente, devi dare la tua disponibilità a incontri e follow-up dedicati ad attività di scarso valore. Perciò, soprattutto con gli investitori da crowdfunding, mettete in pratica i suggerimenti che vi ho dato quando abbiamo parlato di essere pareto-ottimali!

C'è un altro aspetto da tenere in considerazione, che è più che altro una questione di forma: **aver fatto crowdfunding** spesso **rende più complicati i rapporti con gli investitori istituzionali.** In questi anni mi sono spesso trovato di fronte a questo problema, soprattutto avendo a che fare con investitori istituzionali (i famosi venture capital) europei. Quando ti presenti ti guardano storto: "Ah, hai fatto crowdfunding! La tua Cap Table è sporca". Oppure ti senti dire: "Non so se possiamo investire nella tua azienda, dopotutto non sappiamo chi sono molti dei soci". In realtà, il loro atteggiamento deriva dal fatto che sono consapevoli che parti da una valutazione potenzialmente alta e vogliono solamente fare gli snob. In qualsiasi caso, se inizierete con il crowdfunding, il vostro approccio ai fondi di investimento sarà più difficile.

5 trucchi per una campagna di crowdfunding di successo

1. Utilizzate un linguaggio semplice e siate concreti.

Quando preparate la documentazione per la vostra raccolta, verosimilmente una presentazione corredata da slide, un business plan in Excel e un video, cercate di essere il più chiari possibili nell'esprimere i concetti. Rileggetela tutta. Ricordate che dovete chiedervi: "Mia nonna la capirebbe?". I dubbi sono il vostro nemico principale, tenta di essere logico nel tuo storytelling e di evitare che le persone non capiscano dei passaggi.

Quando darà una prima occhiata alla vostra azienda, il potenziale investitore non vi avrà di fronte per farvi delle domande e fugare i suoi dubbi, ma avrà davanti solo dei documenti e, affinché decida di valutare l'investimento, dovrete assicurarvi che capisca il vostro progetto e, ovviamente, che susciti il suo interesse.

Scrivere in modo semplice non significa essere banali. Quando preparate la documentazione, inserite esempi e osservazioni che dimostrino che voi e il vostro team padroneggiate la materia.

Gli esempi concreti e gli aneddoti aiutano le persone a capire meglio di cosa si tratta e le incuriosiscono, facendole appassionare a un settore o a un progetto.

2. Utilizzate grafici e infografiche.

Limitate la parte di testo e privilegiate il più possibile grafici e infografiche per spiegare concetti e visualizzare trend.

I dati presentati in forma testuale risultano di difficile comprensione e, soprattutto, non sono semplici da memorizzare con immediatezza.

Numerosi studi dimostrano che avere una percezione visiva del dato attraverso una sintesi grafica fa leva sui nostri processi cognitivi e percettivi, alza la soglia di attenzione, facilita l'apprendimento e si imprime rapidamente nella memoria. La rappresentazione visiva, inoltre, ha la capacità di incuriosire il lettore e spingerlo alla lettura del testo che accompagna la grafica.

Un piccolo esempio vale più degli innumerevoli studi che avvalorano questa tesi. Ecco di seguito due rappresentazioni che esprimono il medesimo concetto:

a. L'azienda è stata capace di aumentare nell'ultimo anno il numero di nuovi clienti del 170%.

b.

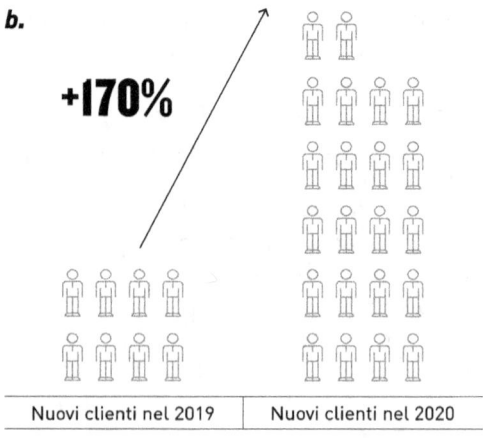

| Nuovi clienti nel 2019 | Nuovi clienti nel 2020 |

Quale dei due rimane più impresso e ci fa rendere conto della crescita dell'azienda in termini di acquisizione clienti?

3. Trovate dei pre-commitment.

Come ho anticipato all'inizio di questo capitolo, l'investore da crowdfunding spesso non decide in maniera razionale. Se per un certo periodo seguirete l'avanzamento della raccolta nelle campagne di crowdfunding, vi accorgerete che l'andamento degli investimenti cresce più rapidamente all'aumentare degli investimenti. Uno dei metodi che l'investitore retail utilizza in maniera inconscia per scegliere se investire o no in un progetto, infatti, è verificare quanti prima di lui hanno già deciso di finanziarlo. Pertanto, se una campagna raccoglie poco e lentamente, i potenziali investitori avranno il dubbio che finanziare quella specifica startup sia un errore perché pochi altri hanno già scelto di farlo. Al contrario, quando la campagna raccoglie molte adesioni rapidamente si crea un effetto opposto, quello che spesso definisco *sheep effect* ("effetto pecora"), in cui molti scelgono di investire, anche senza analizzare il progetto, solo perché vedono che molti altri hanno deciso di finanziarlo e non vogliono perdere l'opportunità.

Questo effetto l'ho sperimentato già nella prima campagna di crowdfunding per Winelivery e abbiamo deciso di stimolarlo. In particolare, prima di lanciare ogni campagna successiva abbiamo fatto un vero e proprio *roadshow* incontrando una moltitudine di piccoli investitori e di business angel, a cui raccontavamo della prossima apertura della raccolta fondi. Illustravamo il progetto e provavamo a "portarli a bordo" con l'obiettivo di ottenere un impegno scritto del loro interesse all'investimento.

In questo modo, contavamo che, quando avremmo aperto la campagna di crowdfunding, in pochissimo tempo avremmo avuto una crescita visibile del denaro raccolto che avrebbe innescato negli investitori retail il suddetto *sheep effect* e di conseguenza la velocità di raccolta sarebbe aumentata rapidamente.

4. Amplificate con la stampa.

Vi rivelerò un segreto. Esiste un canale di marketing gratuito e molto potente che ti può aiutare molto sia nella tua avventura imprenditoriale sia nella tua raccolta tramite crowdfunding: la stampa. Non ci credete? Provate a fare questo semplice test.

1. Andate su Google.

2. Scrivete nella barra di ricerca: Winelivery.

3. Fate click su Notizie, ossia la sezione dei risultati di ricerca che mostra risultati da fonti di informazione che Google ritiene professionali.

4. Alla data in cui sto scrivendo, avreste trovato 129.000 risultati, quindi probabilmente oggi saranno di più.

Se vi dicessi che non abbiamo mai pagato per un articolo?

Conosco poche aziende che utilizzano in maniera strumentale la stampa e credo che, semplicemente, non abbiano idea di quanto sia facile ed efficace sfruttare questo canale.

Avere la stampa che parla della tua azienda in maniera continua e diffusa porta ovviamente notorietà al marchio e, nel periodo della campagna di crowdfunding, ti permette di trovare molti nuovi investitori che sanno del tuo progetto proprio grazie a questo canale. Al tempo stesso, avere fonti autorevoli che parlano di te sul web migliora la tua reputazione sui motori di ricerca e quindi il tuo posizionamento nei motori di ricerca (SEO) ne beneficia moltissimo. Infine, avere una strategia di comunicazione a mezzo stampa ti permette di ricevere molte proposte commerciali da trasformare in opportunità di business.

Ma perché la stampa dovrebbe parlare di me? Dall'arrivo di Internet, la stampa ha moltiplicato i propri canali, le informazioni hanno durata molto più breve e vanno aggiornate di continuo. Al tempo stesso, la stampa è sempre più accessibile gratuitamente grazie al web. Di conseguenza, la domanda di notizie è in costante aumento, ma la loro "rendita" è sempre minore: i giornalisti per rispondere a tale crescente domanda sono sempre più pronti a sfruttare ogni opportunità di pubblicazione e, di conseguenza, se sei capace di creare piccole storie interessanti e farle arrivare nelle mani giuste, le probabilità che le tue "notizie" vengano pubblicate sono molto elevate.

Come si fa a sfruttare la stampa? Cominciamo dagli strumenti. Prima di tutto, vi serviranno gli indirizzi email di alcuni giornalisti (naturalmente è necessario sapere su quale testata scrivono e di cosa si occupano). A non tutti è noto che gli indirizzi di posta elettronica dei giornalisti sono in vendita e ci sono una serie di aziende che si occupano proprio di mantenere aggiornate le liste degli indirizzi di giornalisti e uffici stampa per metterle in vendita, raccolte in libri oppure su database consultabili online.

Vi consiglio di usare il database che utilizziamo noi e che, in questi anni, ci ha portato molte soddisfazioni.

Su www.mediaddress troverete tutto quello che vi serve. Potrete quindi scegliere a quali giornalisti inviare di volta in volta le vostre notizie sulla base dei loro (e naturalmente dei vostri!) interessi.

Avere un elenco di indirizzi non basta: avrete bisogno anche di uno strumento per inviare in maniera massiva le vostre notizie. Il web è pieno di strumenti di email marketing, ma io consiglio un account su MailChimp (www.mailchimp.com) che per qualche centinaio di contatti è gratuito e ha ottimi tassi di consegna dei messaggi.

Ora che abbiamo gli strumenti, tutto ciò che ci serve è trovare notizie da raccontare. Qui non esiste una ricetta, ma, rimanendo nell'ambito del crowdfunding, il mio consiglio è di preparare almeno tre comunicati stampa che trattino dei seguenti argomenti:

- lancio della campagna e storia della startup;

- avanzamento della campagna con enfasi sul fatto che manca poco alla chiusura per creare un effetto di scarsità;

- comunicato di chiusura campagna che racconti del grande risultato raggiunto.

Il contenuto non è tutto, è importante anche come si scrive. Per questo vi suggerisco di leggere qualche articolo che parla del Golden Circle di Simon Sinek, una tecnica di stesura dei contenuti che parte dal raccontare chiaramente il perché di quello che si sta facendo per poi passare al come e al cosa, piuttosto che descrivere, come succede generalmente, il nostro prodotto o servizio (cosa), poi le sue caratteristiche specifiche (come) e, infine, eventualmente, il perché (la mission aziendale).

Come accennavo all'inizio di questa sezione, usare la stampa non è utile solo durante una campagna di crowdfunding, ma lo è in generale per supportare la comunicazione della propria azienda. Vi consiglio caldamente di preparare un piano di uscite stampa che duri tutto l'anno, in modo da avere pubblicata almeno una notizia ogni due settimane. Non tutte le notizie saranno per tutti i giornalisti. È buona cosa predisporre un programma di uscite alternate in cui si varia da notizie di ambito economico/corporate, a commenti e consigli sul mercato e sullo stile di vita, a nuove iniziative. Attenzione a selezionare la lista degli indirizzi a cui inviare le comunicazioni coerentemente al tipo di notizia.

5. Mostrate passione.

Abbiamo detto che nelle fasi iniziali di una startup, gli investitori investono molto più sulla persona rispetto che sul progetto o sull'idea in sé. E ne hanno ben ragione! Molte idee pressoché identiche sono state portate avanti da diversi imprenditori o gruppi imprenditoriali e, spesso, solo in un caso si sono concretizzate e affermate. Sono le persone a fare la differenza, e sono convinto che la caratteristica decisiva per avere successo sia la determinazione. E la determinazione può essere generata solo da una forte passione per quello che si fa.

La passione, quando è manifestata, coinvolge le persone e inconsciamente le rende partecipi del progetto che gli viene illustrato. Ogni volta che vi troverete di fronte a un investitore, ogni volta che parlerete in pubblico della vostra idea, ogni volta che vi capiterà di essere intervistati, evidenziate i sacrifici che avete sostenuto per arrivare fin lì, magari con qualche esempio, per dimostrare quanto credete in ciò che state facendo. Creerete empatia negli interlocutori e aumenterete le probabilità di successo della vostra raccolta di capitali.

9

Non puoi fare tutto da solo

"È meglio non avere un cofondatore che avere un cattivo cofondatore,
ma è ancora peggio non averne nessuno."
– *Sam Altman, ex presidente di Y Combinator*

Nel rileggere quanto ho scritto fin qui, mi sono reso conto che potrei aver raccontato le mie esperienze come imprese individuali. Proprio per questo motivo, credo sia corretto concludere questo libro parlando del team e, in particolare, dell'importanza di avere dei compagni di avventura.

Se già avete iniziato una vostra avventura imprenditoriale, vi accorgerete come, in fondo, la vita aziendale e quella privata presentino dei parallelismi: nella vita, come nel business, è essenziale avere al proprio fianco qualcuno che ti comprende, qualcuno con cui condividere visioni, idee e paure.

È sicuramente vero che essere soli permette di avere più potere e magari anche più gloria e denaro, ma sono certo che, quando avrete letto queste pagine, sarete d'accordo con me che essere in più di uno ha diversi vantaggi. Oggi, dopo cinque anni di esperienza con Winelivery, sono più che mai convinto e felice di aver iniziato questa avventura insieme a due cofondatori, Andrea e Giovanni.

Al di là delle competenze complementari, tema di cui parleremo più avanti, il vantaggio maggiore di avere dei partner è avere vicino persone che possono darti un supporto morale ed emotivo.

Iniziare un nuovo progetto di business è sicuramente duro. Farlo funzionare lo è ancora di più. È un'esperienza che ti mette alla prova. Si vive in una situazione di continua incertezza e, nelle prime fasi, quando nulla funziona e i soldi sono pochi, in genere la situazione diventa psicologicamente molto stressante. Avere qualcuno con cui confrontarsi, con cui condividere le proprie visioni, le aspettative e, soprattutto, le proprie paure è fondamentale per evitare di demotivarsi. Consente di vedere i problemi da un altro punto di vista e di riuscire a venirne fuori più velocemente.

Il supporto morale ed emotivo può essere solo figlio di un legame. Ricordatelo: non tutti i cofondatori sono uguali e perché possiate ricevere questo tipo di sostegno è necessario che tra voi e i vostri soci ci sia fiducia e che ci mettiate il medesimo impegno nel realizzare il vostro progetto.

La presenza di cofondatori, inoltre, migliora l'appetibilità di un'azienda agli occhi degli investitori, perché essere più di uno abbassa il rischio. Le *one man show companies* hanno nel loro punto di forza anche il punto di debolezza. Essere dipendenti da un'unica figura fa sì che, se tale figura perde per qualsiasi motivo la concentrazione sul progetto, o decida di mollare, il progetto stesso vada a rotoli.

Per riprendere il discorso precedente, il rischio di burnout dei fondatori, specialmente agli inizi, è elevato, tanto più quando lo sviluppo di un progetto e l'incertezza legata alla sua affermazione gravano sulle spalle di una sola persona. Avere dei compagni di viaggio permette di confrontarsi e di suddividere il carico delle responsabilità, abbassando decisamente il rischio di esaurimento nervoso.

All'inizio, il ruolo dei fondatori è contemporaneamente quello di manager, operativo e di segretario: gli aspetti da governare sono molteplici e su più livelli e gestire il tutto da soli in maniera efficace ed efficiente è molto, molto complesso. Dividere i compiti, quindi le responsabilità, consente di "distribuire" lo stress e, di conseguenza, aumenta le possibilità di successo di un'impresa.

Non importa quanto bravo e intelligente tu sia, quanta esperienza abbia alle spalle: è dimostrato che nel medio e lungo periodo l'autoreferenzialità nel prendere decisioni non è la via migliore per avere successo. Gestire l'impresa da soli significa doversi comportare come un dittatore, che, per quanto illuminato, finirà per decidere utilizzando sempre il medesimo schema di analisi e tenderà col tempo a sommare una serie di errori ricorrenti, che a lungo andare potranno creare condizioni pericolose per il progetto. Potreste controbattere che è possibile circondarsi di consulenti e consiglieri, ma, vi assicuro, non è la stessa cosa. Avere qualcuno che si trova nella tua stessa situazione, che ha i tuoi medesimi obiettivi è totalmente diverso. Significa avere sempre a disposizione qualcuno con cui confrontarsi che, tendenzialmente, se avrà un'opinione diversa dalla tua sarà solo perché ha una differente prospettiva per raggiungere lo stesso traguardo. Le idee saranno di più e insieme contribuirete ad affinarle attraverso scambi di vedute, spesso anche infuocati, che porteranno valore alle vostre decisioni.

Questo effetto è tanto più evidente e funzionale se i fondatori hanno competenze, abilità e attitudini differenziate e complementari. È impossibile per una persona essere brava in tutte le cose necessarie per fare funzionare una startup. Ognuno possiede una serie di caratteristiche dovute al background e ai tratti caratteriali, che magari lo rendono molto capace su questioni relative a marketing e innovazione, ma al tempo stesso particolarmente inefficace quando si tratta di finanza e logistica.

Naturalmente, i tuoi soci non possono essere chiunque e, sebbene il fatto che abbiano competenze e attitudini complementari e differenti dalle tue sia d'aiuto, è fondamentale che posseggano almeno alcune caratteristiche dell'imprenditore di successo, e soprattutto la *tenacia*, che tiene concentrati sull'obiettivo anche quando le cose si fanno complicate; la *passione*, che spinge ad amare quello che si fa e ad automotivarsi nell'immergersi in un progetto; la *resilienza*, che permette di non mollare e di continuare a tentare fino a quando si raggiunge il proprio obiettivo.

CONCLUSIONE

Siamo partiti dal cercare di capire se la strada dell'imprenditoria sia quella giusta per voi, abbiamo poi esplorato insieme una serie di concetti relativi al mondo delle startup, e infine ho provato a trasmettervi alcune nozioni pratiche che ho imparato in questi anni. Molti concetti di cui abbiamo parlato non sono circoscritti al mondo dell'impresa in senso stretto. Non tutti noi, giustamente, vogliamo intraprendere questo cammino ma, a rifletterci, in alcune fasi o attività della nostra vita siamo tutti imprenditori o startupper. Che siate impiegati, liberi professionisti o casalinghe, prima o poi vi troverete a gestire dei progetti nuovi per voi e per il vostro ambiente, e sono certo che saper pianificare un'idea e razionalizzarla attraverso il Business model canvas potrà tornare utile anche in questi casi.

Immaginate ad esempio che il vostro capo vi chieda di portare avanti un progetto: non credete che anche in questo caso si possa presentarlo con lo stesso schema? In questo momento storico si parla molto di premiare lo spirito imprenditoriale all'interno delle aziende e, se ci pensate bene, la maggior parte dei concetti presenti in questo libro sono applicabili anche all'interno di una grande organizzazione.

Questo discorso non vale solo per i modelli esposti nei primi capitoli. Prendiamo, ad esempio, il principio di Pareto. La regola dell'80/20 nasce da un'intuizione derivata dall'osservazione di eventi naturali, non dal business. È una pratica che può aiutarci in tanti aspetti della nostra vita, non solo professionale. Pensate, ad esempio di voler migliorare la vostra dieta per perdere peso. Fate la lista di quello che mangiate e prendete il 20% più sano. Ora pianificate i pasti per il mese successivo portando i cibi che fanno parte di quel 20% all'80% delle occasioni di consumo: ad esempio, se mangiate pizza due volte a settimana, provate a mangiarla due volte al mese e, se mangiate una mela una volta al mese, provate a mangiarla tre volte a settimana. Sono sicuro che dopo un mese i risultati vi stupiranno.

Oppure supponete di decidere di utilizzare tutti i giorni il 20% per cento del tempo per fare qualcosa che vi piace o vi affascina, ad esempio imparare a programmare. Dopo poche settimane vi renderete conto di essere meglio dell'80% delle persone in questo campo.

Ricordate la storia di essere un po' pistoleri e un po' nerd? Anche questo concetto è applicabile alle più svariate attività della nostra vita. Provare diverse soluzioni in piccolo, verificare quella che è andata meglio e investire su di essa è una nozione che si applica bene alle strategie di marketing, ma anche a molte situazioni più banali.

Immaginiamo di aver appena cambiato lavoro e che il nostro ufficio si trovi a una decina di chilometri da casa. Come scegliamo il modo migliore per raggiungerlo? Un'opzione è usare un navigatore evoluto come Waze, un'altra è fare ogni giorno una strada diversa e annotare il tempo impiegato. Dopo qualche prova, decideremo di percorrere sempre quella più breve e meno trafficata. Non siamo stati un po' pistoleri un po' nerd?

Un ultimo esempio. Non è forse vero che, se si è dei bravi venditori e si applicano i principi tipici delle vendite, si potrebbe essere anche più efficaci nel conquistare l'anima gemella?

Sono ormai giunto alla fine di questo mio primo breve scritto, in cui ho cercato di razionalizzare le mie esperienze, e spero che questo mio tentativo potrà esservi utile in qualche progetto della vostra vita, scegliate la mia strada o un'altra. Non ho la presunzione di dire che tutto ciò che vi ho proposto è perfetto e funziona in ogni caso. Ma ha funzionato molto bene per me, che in fondo sono una persona come molte altre. Perché dunque non dovrebbe funzionare anche per voi?

Vi auguro il meglio per i vostri progetti e di vivere una vita bella e libera come la sto vivendo io.

INDICE